René Guénon

Autorité spirituelle
et
pouvoir temporel

1929

JDH Éditions

Les Atemporels

Les Atemporels

Qu'il s'agisse d'œuvres du vingtième siècle, du dix-neuvième, du dix-huitième ou encore plus tôt…

Qu'il s'agisse d'essais, de récits, de romans, de pamphlets…

Ces œuvres ont marqué leur époque, leur contexte social, et elles sont encore structurantes dans la pensée et la société d'aujourd'hui.

La collection « Les Atemporels » de JDH Éditions, réunit un choix de ces œuvres qui ne vieillissent pas, qui ont une date de publication (indiquée sur la couverture) mais pas de date de péremption. Car elles seront encore lues et relues dans un siècle.

La plupart de ces atemporels sont préfacés par un auteur ou un penseur contemporain.

© 2024. Edico
Éditions : JDH Éditions pour Edico
77600 Bussy-Saint-Georges
Imprimé par BoD – Books on Demand, Norderstedt, Allemagne

Dossier documentaire : Yoann Laurent-Rouault

Conception couverture : Cynthia Skorupa

ISBN : 978-2-38127-330-3
ISSN : 2681-7616
Dépôt légal : juin 2024

Autorité spirituelle et pouvoir temporel

Dans le présent ouvrage *Autorité spirituelle et pouvoir temporel*, René Guénon explore la relation entre l'autorité spirituelle et le pouvoir temporel. Voici quelques-uns des principaux arguments qu'il développe :

- **La hiérarchie spirituelle et la légitimité du pouvoir :** Guénon soutient que l'autorité spirituelle est supérieure à l'autorité temporelle. Selon lui, l'autorité spirituelle est fondée sur des principes intemporels et transcendants, tandis que l'autorité temporelle est relative et changeante. Ainsi, le pouvoir temporel doit être subordonné au pouvoir spirituel pour être légitime.

- **La décadence de la société moderne :** Guénon critique la modernité et la séparation croissante entre le spirituel et le temporel. Il considère que cette séparation est à l'origine de la décadence de la civilisation occidentale. D'après l'auteur, la restauration de l'autorité spirituelle est essentielle pour rétablir l'harmonie dans la société.

- **La primauté de la contemplation sur l'action :** Guénon affirme que la contemplation est plus importante que l'action. Il considère que la contemplation est la source de toute autorité légitime et que l'action doit être guidée par des principes spirituels.

- **La tradition et la transmission :** René Guénon insiste sur l'importance de la tradition dans la préservation de la connaissance spirituelle. Selon lui, la tradition est transmise de maître à disciple et constitue le fondement de l'autorité spirituelle.

- **La nécessité de l'existence d'une élite spirituelle :** Guénon soutient que la société a besoin d'une élite spirituelle (les initiés, les sages) pour guider les affaires temporelles. Cette élite doit être en contact direct avec les principes spirituels et agir comme un pont entre le spirituel et le temporel.

Critiques formulées à l'encontre de l'œuvre et de la pensée de René Guénon

Guénon a changé plusieurs fois de jugement sur le bouddhisme. Certains lecteurs ont traité avec distance son opinion sur l'orthodoxie bouddhiste, ne sachant pas statuer définitivement sur ce point. La question de savoir si le bouddhisme est conforme à la Tradition Primordiale, c'est-à-dire à l'idée d'une révélation originelle pour une humanité harmonieuse, a été débattue et est encore « floue » pour nombres de ses lecteurs.

Dans les années 1930, Guénon a critiqué les régimes totalitaires. Il a exprimé des réserves sur leur nature et leurs conséquences. Mais, sans propositions concrètes ou argumentation sociales, ou encore géopolitiques ou économiques, les écrits de Guénon n'ont pas apporté de réponses immédiates, ni de réflexions « utiles » à ses contemporains, si ce n'est la nécessité de se détacher du matérialisme, de constater la décadence de l'Occident et « croire en la suprématie spirituelle de l'Orient ». Guénon a critiqué la modernité et son épistémologie. Il a exploré les racines de la décadence de la civilisation occidentale et a plaidé pour un retour à la tradition spirituelle.

Certains ont pourtant analysé ses écrits à la lumière de la politique, cherchant à comprendre sa position sur les systèmes politiques et sociaux. Mais rien de convainquant n'en ressort. En Europe et particulièrement en France, les œuvres de Guénon ont été au centre de nombreuses réflexions et activités savantes. En France, il est considéré comme une figure majeure de l'ésotérisme. Ses domaines d'influence les plus importants sont la métaphysique, la critique de la modernité et le symbolisme. Guénon a révélé un enseignement métaphysique et cosmologique basé sur le Vêdânta, remettant en question la vision matérialiste de la société exclusivement centrée sur l'univers phénoménal.

Subversion intellectuelle

Guénon était un auteur subversif, remettant en question les paradigmes établis. Son approche métaphysique ouvre de nouvelles perspectives pour l'étude du passé, au-delà du matérialisme, élargissant ainsi les cadres académiques de l'étude des religions. Les idées de René Guénon ont eu une influence significative sur la spiritualité contemporaine, bien que cette influence ne soit pas toujours unanime.

En conclusion

Guénon a mis l'accent sur la métaphysique comme fondement de la connaissance spirituelle. Sa vision traditionnelle transcende les limites matérialistes de la pensée moderne. De nombreux chercheurs et praticiens spirituels ont exploré ses écrits pour approfondir leur compréhension de la réalité métaphysique. Il a remis en question la modernité, la séparation entre le spirituel et le temporel, et la décadence de la civilisation occidentale. Son appel à restaurer l'autorité spirituelle a résonné chez ceux qui cherchent une alternative à la vision matérialiste du monde. Guénon a contribué à la redécouverte de l'ésotérisme traditionnel. Ses écrits ont inspiré des mouvements ésotériques, des sociétés secrètes et des chercheurs qui aspirent à percer les mystères cachés derrière les apparences. Il a aussi encouragé une approche holistique de la spiritualité, intégrant la science, la religion, la philosophie et l'art. Cette perspective a influencé des penseurs contemporains qui cherchent à transcender les cloisonnements disciplinaires. En somme, René Guénon a ouvert de nouvelles perspectives pour ceux qui cherchent à comprendre la spiritualité au-delà des limites matérialistes de notre époque. Sa vision continue d'inspirer et de susciter des débats dans les cercles ésotériques et spirituels.

JDH Éditions

Guénon en son temps

Documentaire de Yoann Laurent-Rouault

René Guénon est né le 15 novembre 1886 à Blois, en France, et il est mort le 7 janvier 1951 au Caire, en Égypte, à l'âge envié de 85 ans. Il passe aujourd'hui pour être un auteur « influent et inclassable de l'histoire intellectuelle du XXe siècle ». Guénon a été publié « de son vivant » sur 17 titres originaux, et, au regard de l'histoire et du déroulé de sa vie, je pourrais aisément conclure qu'il est effectivement « bien mort de son vivant », privilégiant ici avec cette expression, la pensée spirite qui animait le personnage, puisqu'il déclarera être conscient au jour de sa mort, que son âme « partait ». Post-mortem, et après autopsie de l'œuvre, s'ajoute la publication de dix recueils d'articles, ce qui porte le total à 27 titres régulièrement réédités. JDH Éditions, par la volonté de son président, Jean-David Haddad, et à la demande de tiers, en republiera un certain nombre (voir les références disponibles en fin de documentaire). Pour ma part, je préfacerai 2 titres sur sa demande et je réaliserai donc ce documentaire littéraire sur l'œuvre et la vie de René Guénon.

La thématique de ses ouvrages s'oriente principalement sur la métaphysique, le symbolisme, l'ésotérisme, et dans un spectre plus large, sur sa critique contemporaine du monde moderne, impacté dans sa vision par le colonialisme d'empire, le romantisme exotique et deux guerres mondiales et donc par les profonds bouleversements sociaux, moraux et intellectuels propres à la première moitié du XXe siècle. Dans ce « franc documentaire », nous allons aborder de concert certaines notions propres au travail de l'auteur. Voici les grandes lignes : « *les doctrines universelles et métaphysiques de l'Orient* », la fonction de « *transmetteur* » de ces mêmes doctrines, leurs « *natures essentielles et non individuelles* » et enfin, nous aborderons l'idée des connaissances « *supérieures, directes et immédiates* » qui définissent ce que Guénon nomme : « *l'intuition intellectuelle* ».

Son œuvre oppose les civilisations restées fidèles à « *l'esprit traditionnel qui n'a plus de représentants authentiques qu'en Orient* », à l'ensemble de la civilisation moderne considérée non pas comme perdue, mais sortie de son axe.

L'œuvre de René Guénon a influencé la réception intellectuelle et philosophique de l'ésotérisme en Occident, dans la seconde moitié du XXe siècle, et elle a eu une influence marquante sur des auteurs aussi divers que Raymond Queneau, Antonin Artaud, Simone Weil, ou encore André Breton.

Biographie de l'auteur

Note de l'éditeur : Vous ne trouverez ici en lecture que l'essentiel concernant René Guénon. Évidemment, la rédaction de cette partie du documentaire se base sur des sources vérifiées et déjà publiées. Elle sera également accompagnée de références et de réflexion propres au documentaliste.

Nous savons déjà, ô profanes, qui n'êtes capables que d'entrevoir la silhouette du temple de Salomon se détacher dans les limbes de votre conscience endormie, que René Guénon est né le 15 novembre 1886 à Blois. Sa famille est catholique pratiquante. L'ombre du Christ porté en croix pour laver les péchés du monde influencera le quotidien de ses jeunes années, bercées par les mœurs conservatrices et les rites de passage de la petite bourgeoisie de province de la IIIe République. Excellent élève, en sciences comme en lettres, René Guénon ne sera pas un adolescent rebelle et sa vie de famille, d'après les témoignages biographiques, fut globalement harmonieuse et marquée d'une empreinte féminine certaine.

L'un de ses professeurs, rencontré en classe de mathématiques élémentaires en 1904, Albert Leclère, influencera durablement son schéma intellectuel. Je lis à ce propos : « *Leclère était un spécialiste des présocratiques : son rejet du monde des phénomènes hérité de Parménide, sa critique de la science qui ne s'intéresse qu'à ces phénomènes, sa considération d'une décadence de la pensée à partir de la période socratique, son intérêt pour la relation entre la mesure de la matière et les mathématiques en particulier à travers le calcul infinitésimal.* »

Jusqu'en 1928, Guénon rendit régulièrement visite à l'abbé Ferdinand Gombault, curé de Montlivault, qui était surtout, hors de son église, docteur en philosophie. Guénon reçut de lui l'essentiel de ses connaissances relatives au thomisme de l'abbé, qui alimenteront d'ailleurs probablement ses réflexions sur le néo-thomisme durant la période 1916-1924. Mais de l'avis des critiques, elles resteront incomplètes. « *D'une façon générale, l'ambiance saint-sulpicienne du catholicisme qui l'entourait semble ne pas avoir inspiré le jeune Guénon et explique probablement son détachement du christianisme comme voie spirituelle personnelle.* » Cette citation pour conclure sur la réflexion portée plus haut dans le texte.

Le spiritisme fera naturellement son apparition, si j'ose l'écrire ainsi, lorsque les influences spirituelles chrétiennes ayant trait « au mal et au bien » et de manière plus générale au mysticisme chrétien, seront au cœur de sa réflexion.

Il s'installa ensuite à Paris pour préparer les concours des grandes écoles (École polytechnique et École normale supérieure). Mais, des difficultés de santé provoquèrent de nombreuses absences, et Guénon fut dérouté de son schéma estudiantin par ses professeurs de sciences.

Dès le milieu de la première décennie des années 1900, peut-être influencé par des lectures, comme celles relatives au « druide » Allan Kardec (*recueils et titres disponibles avec dossier documentaire et illustrations de Y. Laurent-Rouault, chez JDH Éditions et Memoria Books*), avec *Le Livre des médiums et L'Évangile selon le spiritisme* (1861), comme il aura pu l'être par le climat « spirite » des salons bourgeois du « Tout Paris » de la Belle Époque. Le jeune Guénon pénétra alors les milieux occultistes dominés par Gérard Encausse, dit Papus. Gérard Encausse (1865-1916) est un médecin et occultiste français, cofondateur de l'Ordre martiniste avec Augustin Chaboseau. L'ordre créera des groupes dans de nombreux pays, notamment en Russie, dans l'Empire ottoman, aux États-Unis, dans l'Empire d'Autriche-Hongrie. Le passage de

Guénon dans les milieux occultistes lui donnera « la mauvaise réputation » par la suite. Ses détracteurs s'en serviront contre lui. Cette période fut pourtant absolument décisive pour Guénon, car c'est dans ce temps « qu'il *rencontra des maîtres orientaux qui allaient changer le cours de sa vie* ». À la question de savoir si notre auteur crut réellement à l'occultisme, puisqu'elle semble intéresser nombre de biographes et d'historiens, comme d'amateurs de sa littérature, je dirais que la réponse est oui.

Dans l'éducation de Guénon, la foi et le mysticisme chrétien ont été très présents. Il était donc probable que ces paramètres spirituels puissent l'orienter sur « la grande question », qui reste à ma connaissance toujours irrésolue, de la vie après la mort. De là à aller vers les spectres, les esprits et autres démons, il n'y a qu'un pas. « Heureux les athées, car aucune balise en leurs esprits ne leur est posée. » Proverbe personnel.

Il faut peut-être également prendre en compte dans la réflexion, l'idée que le mouvement orientaliste au début du XXe siècle est devenu un fait culturel, qui cependant courait déjà depuis le XVIIIe siècle et dont l'âge d'or sera au XIXe siècle. En peinture comme en musique comme en architecture. S'ajoutent les fantasmes érotiques liés aux odalisques, aux esclaves et aux sérails… la femme orientale à la peau dorée, aux courbes voluptueuses, au regard noir comme mille ciels de nuit, fascine les hommes de la belle société, comme les artistes découvrent en Orient de nouveaux sujets, de nouvelles lumières, de nouvelles matières et de nouvelles couleurs. Le prince arabe qui chevauche vers son oasis à bride abattue à travers les dunes qui s'étendent à l'infini, fait fantasmer et se pâmer les jeunes bourgeoises et les demoiselles de l'aristocratie européenne tout autant que les « cocottes » de salons. L'eunuque du harem par ses massages sensuels aux huiles précieuses et sa plastique irréprochable mise à la disposition des épouses et des maîtresses, était-il finalement le domestique indispensable à toute femme de la belle société voulant vivre son plaisir charnel comme elle l'entendait ?

Les arts du spectacle, du cabaret au théâtre, de l'opéra aux maisons closes, tous annoncent une référence à l'orientalisme, dans le décor comme dans le costume ou la mise en scène. Réalisateurs et auteurs rivaliseront d'imagination sur pellicule, dès les premiers courts-métrages mis en production. De Georges Méliès à la Paramount.

Le Martinisme

Guénon s'initiera au martinisme vers 1905. Il en gravira rapidement les échelons et sera même nommé délégué général de l'ordre pour le Loir-et-Cher. Ce qui, sans valoir une députation républicaine, est tout de même notable. Cependant, il n'en ressortira pas totalement convaincu et même quelque peu frustré et en colère. Il révéla pourtant, quelques années plus tard, que « *cet ordre servait d'antichambre à une organisation d'un caractère plus sérieux : l'Hermetic Brotherhood of Luxor, dépositaire de certaines connaissances effectives du monde subtil* ».

La Fraternité Hermétique de Louxor est une société occultiste dont le nom apparaît pour la première fois publiquement en 1884 en Angleterre. Elle influença certaines personnalités du monde du spiritisme et de l'occultisme de la fin du XIXe siècle. Sa devise était « Omnia Vincit Veritas ». Autrement dit, chers lecteurs et latinistes distingués : La vérité triomphe de tout.

Pour Guénon, dès ses premiers écrits, la question « du mal » est très présente (*Un jeune homme*, roman). Et qu'est-ce que le mal ? Comment l'appréhendez-vous ?

Moi que vous lisez candidement, je passe pour être un démon dans certaines sphères liées à l'occultisme ou au spiritisme. Puisque je ne reconnais alors au mal que du bien. Puisque j'apparais en tant que démon, votre mal est donc mon « bien ». Ne riez pas. C'est très sérieux.

De cette réflexion intime et habitée, je pourrais écrire quelques centaines de pages… et elles bouleverseraient sans nul doute vos convictions les plus intimes. C'est d'ailleurs plus ou moins le propos des premiers écrits de Guénon et de nombre d'auteurs de l'époque.

Cet exemple qui traduit et résume de façons trop simples la thématique occultiste qui préoccupe Guénon dans ses jeunes années a pourtant toujours un certain écho dans de nombreuses littératures. Il ne sera donc pas nécessaire, comme lui, de suivre les cours de *l'École Hermétique* de Papus. Ni ceux d'organisations paramaçonniques liées à l'ordre martiniste comme la loge symbolique *Humanidad* ou *le Temple INRI du rite primitif et Originel Swédenborgien*. Sous la surveillance des 365 émanations du dieu suprême, des sociétés secrètes et des loges maçonniques de toutes obédiences, j'aimerais pouvoir déambuler dans les « Favola di Venezia » et suivre la piste de la « Clavicule de Salomon ». Peut-être même qu'avec un peu de chance, et en faisant le bon rêve, au détour d'une ruelle, je verrai l'ombre de maître Hugo Pratt jouer entre deux lunes. René Guénon, tout comme moi, aurait sans doute aimé discuter de la poétique métaphysique avec le poète Gabriele D'Annunzio, qui fut l'amant de la mère du père de ma femme et mère de mon fils… peut-être aussi aurions-nous lu de concert la prose du Baron Corvo, et peut-être qu'au petit matin, nous nous serions laissé bercer par les poèmes ésotériques de la belle Hipazia, mathématicienne et philosophe néoplatonicienne de son état.

En 1908, Papus organisa le IIe Congrès spiritualiste et maçonnique. Guénon était présent comme secrétaire de bureau, « *revêtu de son cordon de Chevalier Kadosh* ». Chevalier Kadosh est en franc-maçonnerie le nom d'un grade maçonnique du rite écossais ancien. Le terme de « Kadosh » est issu d'un mot hébreu qui signifie « consacrer ». Papus déclara à cette occasion que « *les sociétés futures seront transformées par la certitude de deux vérités fondamentales du spiritisme : la survivance et la réincarnation* ». Mais le véritable but de ce congrès était de créer une maçonnerie prétendant provenir de l'antique Égypte et indépendante de la franc-maçonnerie officielle. Guénon ne s'y retrouva pas, il ne sera jamais « politique » ni amateur de « coups d'État » et il écrivit dès l'année 1909 que

« *ce milieu occultiste n'avait reçu aucune transmission spirituelle authentique et qu'on ne peut pas imaginer de doctrines aussi dissemblables que le sont toutes celles que l'on range sous le nom de spiritualisme et que la prétention d'acquérir la connaissance du monde spirituel par des moyens matériels est évidemment absurde* ».

Le paradoxe des auteurs conséquemment supérieur au paradoxe des acteurs ?

Guénon est né à Blois et se revendique pourtant comme un orientaliste « originel ». Guénon fut élève de l'École Hermétique du mage Papus, qu'il dénigrera copieusement ensuite. Il fut un contemplateur de l'occultisme, mais il y associera toujours plus ou moins des notions chrétiennes et des notions philosophiques. Il fut franc-maçon, mais il participa à une publication antimaçonnique. Il fut écrivain, mais il relativisa la valeur de l'écrit. Et bien que dévoué aux secrets des initiés, aux loges et aux sociétés occultes, il entretiendra une certaine mondanité tapageuse, dans ses publications comme dans sa vie courante pendant deux décennies. Tout comme pour Maurras ou Gide, les contrariétés dans la vie de Guénon sont nombre.

Les détracteurs de l'œuvre de Guénon apprécieront forcément ce qui va suivre : *L'Ordre du Temple Rénové* et *l'Église gnostique* fut promu par une « entité » qui lors d'une séance spirite exigea de fonder un nouvel Ordre du Temple dont Guénon devait être le chef. Un fantôme imposa donc sa volonté. Nous sommes en 1908.

Guénon écrivit dans son ouvrage *L'Erreur spirite* paru en 1923 que « *les entités qui apparaissaient dans ce genre de communications pouvaient ne provenir que du subconscient de l'un des assistants présents à la séance* ». Là encore, un double paradoxe, puisque toute entreprise occulte de ce type revêtait des allures antichrétiennes. Et, comment nier pratiquer l'occultisme quand vous vous pliez aux volontés d'un fantôme ?

Les thèmes abordés dont on a retrouvé les traces, par exemple lors de la première séance du 6 mars 1908, annoncent pourtant certains de ses principaux ouvrages : *Le Symbolisme de la croix*, *Les États multiples de l'être*, ou *Les Principes du calcul infinitésimal*. Lavoisier aurait aimé la transformation de l'essai. Certains titres montrent l'intérêt de Guénon pour *L'Archéomètre*, l'ouvrage laissé inachevé par Saint-Yves d'Alveydre. Saint-Yves d'Alveydre voulait *réconcilier toutes les connaissances à la fois religieuses et scientifiques et croyait en une tradition unique conservée dans un lieu central*, notion que l'on retrouvera dans *Le Roi du monde* de Guénon. Vaste programme…

Guénon avait rencontré Léonce Fabre des Essarts, patriarche de l'Église gnostique de France, lors du IIe Congrès spiritualiste et maçonnique de Papus. L'Église gnostique, rapidement excommuniée par l'Église catholique, avait été fondée à la fin du XIXe siècle pour faire revivre, entre autres idées, le catharisme. Guénon demanda à Fabre des Essarts à faire partie de cette Église gnostique, et ce dernier fit rapidement de Guénon un « évêque » sous le nom de Palingénius.

Cohérence de l'œuvre

Beaucoup d'auteurs s'accordent à dire que l'œuvre de Guénon est cohérente. « *Son discours semble donner réponse à tout* », puis-je même lire dans ma recherche. Je cite maintenant Jean Borella tant le propos me paraît utile :

« *Il n'est pas facile d'être juste avec Guénon. L'œuvre semble exiger une adhésion totale tant son unité est forte. On l'accepte en bloc ou on la rejette de même. Autant que personne, je suis sensible à la maîtrise qui règne dans les moindres lignes de ce penseur hors du commun : unité du style qui ne fait que refléter l'unité de la doctrine.* »

Pour ma part, du haut de mes 75 publications éditées, je lui reprocherai de ne pas avoir su faire évoluer sa thématique au-delà de son approche initiale. Preuve en est, ses fondements restent inchangés du début à la fin de son œuvre. La question légitime que je me pose alors est la suivante : lire Guénon m'a-t-il apporté quelques connaissances fondamentales propres à nourrir mes réflexions non seulement d'homme, mais aussi d'auteur ? En tant que plasticien de formation et amoureux du rapport entre le texte et l'image sans pour autant tomber dans le symbolisme, l'exploration des pistes d'un thème et la « non-livraison » d'un produit fini orientent naturellement mon cheminement intellectuel. C'est d'ailleurs l'un des fondamentaux de l'enseignement théorique de l'école des Beaux-Arts dont je fus élève sur un cycle long et sous le patronage de Jacques Sauvageot et de professeurs attachés à diverses disciplines. Or, chez Guénon, je ressens davantage son besoin de développer ses théories que l'idée d'évolution. La recherche est présente, certes, mais pour moi elle n'est pas évolutive.

Guénon pensait qu'il existait une « *vérité métaphysique sous-jacente à toutes les grandes traditions spirituelles* » qu'il a explorées. En cela, avec ou sans régionalisme affiché, beaucoup de croyances et de religions animent leurs dogmes et rites sous cet axe. Et pour Guénon, cette « vérité » était perdue et donc il se sentait presque missionné, comme un évangéliste en terre d'Afrique, pour donner la lumière aux profanes. Sur le papier. Dans les descriptions comportementales issues des témoignages de certains de ses contemporains, mondains ou littérateurs pour la plupart, je ne peux effectivement pas m'empêcher en analysant son comportement, de le comparer à celui d'un prêcheur. Guénon sera décrit par ses contemporains comme un homme « diaphane ». Et je crois que cela était son but. Comme si sa spiritualité l'avait visiblement élevé au-dessus de la masse, et en fin de vie, comme si la sagesse l'habitait et la compassion le motivait intellectuellement, le tout dans une neutralité helvétique du propos. Ce qui est le mélange de trois grands principes de trois grandes religions fréquentées assidûment par l'Humanité.

Le Symbolisme de la Croix et *Les États multiples de l'être* sont considérés comme deux des trois œuvres capitales de Guénon et ils ont été en grande partie rédigés alors qu'il avait moins de 30 ans et ceci bien avant leur publication sous la forme de livres. Il publia d'autres articles dans *La Gnose*, entre 1910 et 1912, sur le néospiritualisme contemporain, les principes du calcul infinitésimal, les erreurs du spiritisme et des articles sur Dante et sur la franc-maçonnerie. Et cela n'évoluera plus. Nous resterons, nous lecteurs, dans ses proportions.

« Par sa découverte des doctrines orientales et par les transmissions initiatiques correspondantes qu'il reçut, René Guénon prit conscience de l'abîme qui séparait ces traditions des groupements occultistes et gnostiques. Il en arriva à la certitude que l'esprit traditionnel était conservé essentiellement en Orient. Le rejet de notre monde fut brutal. »

Après l'année 1927, Guénon comprit *qu'il ne pourrait pas réaliser un redressement spirituel en Occident*, et il décida de partir pour l'Orient. Du Caire, en 1930, il écrivit ceci :

« Je me trouve plus "chez moi" ici qu'en Europe. »

Sa vie de musulman soufi au Caire fut décrite par ses biographes comme un moyen de mettre *« en accord sa simplicité intérieure et la simplicité de sa vie extérieure, et de vivre enfin une vie traditionnelle unifiée »*.

Traditions spirituelles d'Orient et d'Occident

Guénon rencontra un maître hindou de l'Advaïta Vêdânta dans la formulation d'Adi Shankara. L'enseignement qu'il en tira fut le suivant : *« possibilité d'une connaissance supra-rationnelle (spirituelle), unité des traditions dont le message fut formulé dès le début de l'Humanité (la Santana Dharma de l'hindouisme), le non-dualisme d'Adi Shankara comme l'expression la plus pure de la "vérité" »*, entre autres formulations complexes. Il publia en 1910-1912 sous forme d'articles, dans *La Gnose*, une grande partie du *Symbolisme de la Croix* et de *L'homme et son devenir selon le Vêdânta*. Guénon considéra toujours l'hindouisme comme la tradition la plus proche de la tradition primordiale et la doctrine d'Adi Shankara comme la formulation la plus pure de la métaphysique.

Guénon prendra connaissance de la métaphysique extrême-orientale grâce à Matgioi avec qui il fut en contact entre 1909 et 1912. *Matgioi, de son vrai nom Georges-Albert Puyou de Pouvourville, fut initié au taoïsme au Tonkin par un chef de village : le Tong-Song-Luat (le Maître des Sentences). Matgioi publia* La Voie métaphysique *en 1905 et* La Voie rationnelle *en 1907 où il donna une traduction du Tao-të king de Lao Tseu.*

De par sa connaissance directe de l'hindouisme, du taoïsme et du soufisme, Guénon constata que *ces traditions énonçaient les mêmes grands principes métaphysiques.* Il y vit la preuve qu'il y a bien un fond commun identique à toutes les grandes traditions de l'Humanité. Qui, et je le crois fermement, repose sur la non-compréhension et la non-acceptation de la mort. Ma pensée peut paraître simpliste, mais, après toutes études, j'en arrive toujours à cette conclusion propre à ces domaines d'investigations spirituels comme philosophiques. L'entre-deux étant nécessairement l'appréhension de la vie, qui comme je viens de le définir, se niche justement entre deux néants. Néanmoins, Guénon écrivit : « *Tout ce que nous venons de dire sur la métaphysique est applicable, sans aucune restriction, à n'importe laquelle des doctrines traditionnelles de l'Orient, malgré de grandes différences de forme qui peuvent dissimuler l'identité du fond à un observateur superficiel : cette conception de la métaphysique est vraie à la fois du taoïsme, de la doctrine hindoue, et aussi de l'aspect profond et extra religieux de l'islamisme.* »

Du mou dans les paradoxes

De son expérience des milieux occultistes, Guénon va en conclure que les escroqueries en tous genres sont nombreuses et que les fumisteries sont aussi vastes que le champ de tir des sectes est étendu. Comme le fait que les gourous de quat'sous sont nombreux et tout aussi bruyants que l'opéra du même nom. Sa dénonciation de toutes formes de néospiritualisme a débuté par certains articles et va aboutir à la publication de livres tels que *Le Théosophisme* ou *L'Erreur spirite.* Les seules institutions traditionnelles occidentales qui allaient encore l'intéresser étaient la franc-maçonnerie et l'Église catholique.

Les milieux maçonniques

René Guénon considérait que la franc-maçonnerie et le compagnonnage étaient les deux dernières organisations authentiquement initiatiques en Occident. Il fut lui-même maçon, comme vous l'avez lu et comme vous le saviez probablement.

Au début du XXe siècle, le Grand Orient de France avait supprimé toute référence au Grand Architecte de l'Univers et l'obligation de croire en Dieu. D'ailleurs, une partie de la franc-maçonnerie combattait l'Église catholique. Papus se présentait comme le dirigeant de la franc-maçonnerie « spiritualiste » mise en opposition aux partis pris modernistes de la franc-maçonnerie officielle.

Après son exclusion en 1909 de la Loge Humanidad, Guénon fut finalement admis à la Grande Loge de France, en 1912. « *Une conférence du "Frère" Guénon dans sa Loge fut publiée dès janvier 1913 dans le journal* Le Symbolisme *d'Oswald Wirth et contient "une remarquable mise au point sur la nature du symbole et le rapport entre les formes et l'objet du travail initiatique intérieur".* »

Pourtant Guénon aurait été radié en 1914 pour défaut de paiement de sa cotisation. L'argent, pour toute organisation humaine, quelle qu'elle soit, est de tout temps, le nerf de la guerre… Et peut-être aussi dans le cas de Guénon, un moyen de cultiver son amour du paradoxe. Je lis :

« *Cependant, la franc-maçonnerie devait toujours garder une bonne place dans ses préoccupations et il devait conserver des relations avec des membres de différentes obédiences toute sa vie. Alors qu'il avait rejeté les mouvements occultistes et gnostiques, Guénon devait maintenir toute sa vie que la franc-maçonnerie est la seule organisation initiatique authentique qui demeure en Occident.* »

Mais, même haute, la spiritualité ne rassasie pas tous les besoins d'un jeune homme, aussi en juillet 1912, il épousa une certaine Berthe Loury, à Montlivault, commune ô combien fréquentée par l'auteur. Un mariage religieux fut célébré et la période qui va suivre jusqu'en 1927, va se distinguer par un retour de Guénon au catholicisme. Ce qui ne sera pas sans faire quelques dégâts dans ses anciennes relations spirituelles et littéraires. Tout comme

André Gide et bien d'autres, dans ces guerres et entre deux guerres, la spiritualité des auteurs et artistes se trouvera bien chahutée. René Guénon, dans son couple et sa famille, gardera le silence sur ses péripéties religieuses et orientalistes comme sur son lien étrange au milieu de l'occulte. Et cerise dans le tabernacle, il va travailler avec Abel Clarin de La Rive à *La France antimaçonnique* pendant presque deux ans. Pour encore beaucoup de Français à cette époque, la franc-maçonnerie est une secte satanique (et d'ailleurs cela se confirmera jusque sous le régime de Vichy en 1940, où beaucoup continuèrent à croire en l'existence d'un complot judéo-maçonnique à caractère satanique). Clarin de La Rive prit la direction de *La France chrétienne* en 1896 qui changea de nom et devint plus tard *La France antimaçonnique*. « *Il fallait dénoncer la "déviation" de la maçonnerie avec plus de rigueur, étudier son symbolisme et son évolution, montrer ses incohérences actuelles.* » D'autre part, Clarin de La Rive s'intéressait aussi aux traditions orientales et il reproduira intégralement dans son journal plusieurs articles de Guénon-Palingénius publiés dans *La Gnose* en 1910-1911. « *Clarin de La Rive voulait utiliser la très grande érudition de Guénon sur la franc-maçonnerie et son évolution. Les deux étaient d'accord pour combattre les francs-maçons politiciens et leurs idées modernistes. Dans son projet de redressement spirituel de l'Occident, une tradition occidentale complète se devait d'avoir une base "exotérique" pour tous (sous la forme de la religion catholique) et une dimension ésotérique (initiatique) pour son élite spirituelle, qu'elle pouvait retrouver en partie dans une franc-maçonnerie retournée à sa vocation originelle.* »

Il publia une série d'articles sur le rite écossais rectifié, la stricte observance templière. Il entreprit une polémique au sujet des « supérieurs inconnus » de la franc-maçonnerie. Les supérieurs inconnus font référence aux chefs des différentes branches maçonniques du XVIIIe siècle qui auraient été à l'origine d'une entente continuelle entre ces différentes loges, l'identité précise de ces chefs étant inconnue des profanes comme des initiés. Les rédacteurs de la *Revue internationale des sociétés secrètes* pensaient que la franc-maçonnerie du XVIIIe siècle avait été inspirée par une force psychique surnaturelle d'ordre satanique, alors que Guénon y voyait, au contraire, un « principe transcendant d'ordre méta-physique » comme pour toute organisation réellement initiatique. Cependant, « *il acquit la certitude qu'il y avait, de par le monde, des groupes qui s'efforçaient consciemment de jeter le discrédit sur tout ce qui subsiste d'organisations traditionnelles, qu'elles soient de caractère religieux [comme l'Église catholique ou le Judaïsme] ou de caractère initiatique [comme la franc-maçonnerie ou la kabbale juive] ; que ces groupes pouvaient avoir des agents dans la maçonnerie, comme dans un autre milieu [comme l'Église catholique], sans que l'on puisse pour autant assimiler la maçonnerie à une organisation subversive* ».

Guénon considérait donc l'Église catholique comme la principale institution traditionnelle en Occident et il chercha longtemps à s'appuyer sur elle pour faire revivre la spiritualité en Occident. Sans succès.

À l'automne 1914, René Guénon, réformé pour ses problèmes de santé rencontrés en 1906, s'inscrivit en troisième année de licence de philosophie en Sorbonne. Sa licence obtenue, il entreprit un diplôme d'études supérieures de philosophie des sciences qu'il présentera en 1916, comme mémoire d'un travail qui sera à l'origine de son livre publié en 1946 : *Les principes du calcul infinitésimal.*

Dans les années qui vont suivre, « la pièce maîtresse de la stratégie guénonienne » pour dialoguer avec l'Église catholique va être son débat avec Jacques Maritain et ses amis néothomistes. En 1916, Guénon enseigna au collège de Saint-Germain-en-Laye et, à l'automne 1917, il fut muté à Sétif en Algérie, puis à Blois, en 1918. À cette époque, riche en correspondances diverses, Guénon abordait la « *thématique initiale, exposant les imperfections in-hérentes selon lui à la scolastique et au thomisme, doctrines qui, par leurs limitations à la seule ontologie, s'interdisaient les conceptions véritablement illimitées de la pure métaphysique orientale* » ; d'autre part, Guénon commença à explorer la mystique chrétienne, depuis la Renaissance, et en déduisit *qu'elle était une réalisation incomplète, demeurant dans les limites de l'individuel, tandis que la réalisation des hindous lui apparaissait « absolue ». En Orient, la connaissance est identique à l'Infini, toute conception de l'intelligence comme une émanation limitée de l'Infini est une déformation typique des doctrines orientales par les Grecs.* Et le déroulement du premier conflit mondial passa à des kilomètres au-dessus de sa tête… il essayera seulement par la suite, d'y trouver un nouveau public pour ses théories, arguant sur la dépravation de l'Occident et la nécessité de la spiritualité orientale.

Un auteur reconnu ?

Après la Première Guerre mondiale, Guénon résolut d'entrer sur la scène intellectuelle. Comme sa référence demeurait la société traditionnelle occidentale du Moyen Âge, « *il chercha à intervenir dans ses deux résidus : l'université laïcisée et ceux qui enseignaient la scolastique, les néothomistes alors proches de l'Action française* ». La guerre avait remis en doute très gravement les fondements de la civilisation occidentale et la foi dans le progrès et la raison. Le déluge de feu et de fer avait été provoqué par l'industrie, la science, la chimie et les ingénieurs. Le monde d'alors était revenu de l'effarement collectif devant les sciences des Lumières et de l'industrialisation massive.

En 1919, il échoua à l'oral de l'agrégation de philosophie. Il se réinstalla à Paris et, en décembre 1919, il fut mis au courant du projet de création de la *Revue universelle* autour de Jacques Bainville et Henri Massis. Il s'agissait d'une revue royaliste et catholique dont la ligne éditoriale était proche de celle de *L'Action française*. Toujours sur la défensive face à la IIIe République, par trop militariste, et imprégnée par le socialisme, beaucoup de catholiques de l'époque étaient proches de l'Action française sans pour autant adhérer à toutes les thèses de Charles Maurras qui était, à l'époque, agnostique *(voir, du même auteur,* La France Antisémite, *Yoann Laurent-Rouault, éditions Memoria Books)*. Les articles de Guénon écrits pour la revue ne seront pas acceptés.

Pendant la période 1919-1920, Guénon rédigea son premier ouvrage, *Introduction générale à l'étude des doctrines hindoues*. La publication de ce livre lui valut une reconnaissance rapide dans les milieux intellectuels parisiens. André Malraux dira beaucoup plus tard que *L'Introduction générale à l'étude des doctrines hindoues* fut, à sa date, « un livre capital ».

Mais ces milieux qui réunissaient les tenants du néothomisme et de l'Action française étaient très divers. Cependant, Maritain accepta de publier le second livre de Guénon : *Le Théosophisme, histoire d'une pseudo religion* dans la Nouvelle Librairie nationale. La maison d'édition était donc directement liée à l'Action française dont Maritain était le directeur. Cette fois-ci, après la publication, les « éloges pleuvent de tous les côtés », en particulier du côté catholique. Dans la foulée, Guénon publia *L'Erreur spirite* chez Marcel-Rivière en 1923 pour dénoncer le spiritisme. Guénon put y développer de nombreux points doctrinaux sur des questions à la fois métaphysiques et cosmologiques. « *Les chapitres sur L'explication des phénomènes, Immortalité et survivance, Les représentations et la survie, La communication avec les morts, La réincarnation, La question du satanisme, sont à ranger parmi les pièces maîtresses de l'œuvre guénonienne.* » Là encore, les critiques furent très favorables, les catholiques prenant cependant des distances avec certains points doctrinaux. La reconnaissance que lui valurent ses premiers livres permit à René Guénon de publier très facilement son quatrième livre chez Payot : *Orient et Occident.* Cet ouvrage toucha pour la première fois le grand public, car la Première Guerre mondiale donnait l'impression d'une décadence accélérée de l'Occident pour les raisons évoquées plus tôt. D'autant que dans les périodes de guerres, les comportements sociaux s'effondrent, et le puritanisme n'a plus sa place jusque dans les chambres à coucher. Dans *Orient et Occident*, Guénon *présenta la civilisation occidentale comme une véritable monstruosité qui ne s'était développée que dans un sens purement matériel.* Orient et Occident *toucha des publics très différents, parfois même politiquement très à gauche. Comme l'idée d'une connaissance supra-rationnelle, omniprésente chez Guénon, inspira les milieux artistiques d'avant-garde qui cherchaient à aller au-delà de la pensée rationnelle, en particulier, le mouvement surréaliste : Antonin Artaud «fut passionné par* Orient et Occident». Suivra en parution : *L'homme et son devenir selon le Vêdânta.*

Les surréalistes furent très intéressés par ce livre, surtout par le chapitre traitant de « l'état de rêve ». Guénon avait écrit « *que les perceptions à l'état de veille avaient un caractère illusoire et que celles de l'état de rêve étaient plus étendues et permettaient de s'affranchir de certaines con-*

ditions limitatives de la modalité corporelle ». André Breton, Antonin Artaud et Pierre Naville décidèrent de proposer à Guénon de rejoindre leur mouvement. Guénon déclina l'offre.

Guénon à cette époque développa donc progressivement une théorie de l'initiation et du symbolisme. La première étape fut la publication d'un petit livre, *L'Ésotérisme de Dante*, en 1925. *Il y décrivit une signification initiatique dans l'œuvre de Dante, en particulier dans la* Divine Comédie. *Il y esquissa aussi une histoire de l'ésotérisme chrétien depuis la fin du Moyen Âge telle qu'il la concevait.*

Lorsqu'il collabora à la revue *Regnabit*, Guénon écrivit alors une série d'articles sur le symbolisme du centre : il expliqua que « *le centre est sans forme, sans dimension donc indivisible. Il est le symbole de l'Unité primordiale* ».

Dans *Regnabit,* il se concentra, non sur le langage métaphysique, mais sur le langage symbolique.

La collaboration à *Regnabit* permit surtout à Guénon de devenir plus proche de Louis Charbonneau-Lassay, un symboliste chrétien, déjà célèbre à l'époque, et dont l'œuvre principale *Le Bestiaire du Christ* publié en 1940 est une référence en matière d'emblématique christique. Guénon l'avait rencontré en 1924. Cependant, la collaboration de Guénon à *Regnabit* s'acheva dans la douleur.

En 1927, le père Anizan, poussé par sa hiérarchie, exigea que Guénon reconnaisse la primauté de Jésus-Christ et qu'il prouve l'existence de ces centres spirituels orientaux qui semblaient concurrencer le centre romain. Guénon refusa catégoriquement.

Une nouvelle période

Entre 1927 et 1931, les nouvelles publications de Guénon, *Le Roi du monde* et *La Crise du monde moderne* firent l'objet de nombreuses critiques. S'ajouta en 1928, la mort prématurée de son épouse. Il quitta progressivement le monde intellectuel parisien pour vivre une vie spirituelle isolée au Caire. Il fit la rencontre de Mary Shillito, riche veuve, qui se prit de passion pour son œuvre et décida de devenir son mécène. Ils séjournèrent ensemble en

Alsace et en Savoie en 1929. C'est avec elle que Guénon partit au Caire en 1930. Le voyage au Caire devait durer trois mois et avait pour but de trouver des textes ésotériques soufis.

Les trois mois écoulés, Mary partit seule et coupa les ponts avec Guénon. Son intégration dans le monde musulman se fit rapidement : il cofonda avec deux Égyptiens une revue arabe : *Al-Maarifah* (littéralement « La Connaissance » ou « La Gnose ») où il écrivit (en arabe) des articles, dès 1931. Guénon reçut une forme de reconnaissance spirituelle, au moins de la part de certaines branches soufies. Guénon fut en contact avec de nombreux maîtres orientaux, mais fut initié au soufisme et découvrit la pensée d'Ibn Arabi en 1910. De là, il subira plusieurs influences. *Au Caire où il passa plusieurs années à étudier à l'université al-Azhar, le Sheikh Abder-Rahman Elish El-Kebir de la tarîqa shâdhilite l'initia au soufisme sous le nom d'Abdul-Hâdi et le fit moqaddem (c'est-à-dire habilité à recevoir des disciples et leur transmettre l'initiation).* Guénon était donc relié spirituellement au Sheikh Abder-Rahman Elish El-Kebir. C'est à lui que Guénon dédia en 1931 son *Symbolisme de la Croix,* en ces termes : « *À la mémoire vénérée de Esh-Sheikh Abder-Rahmân Elîsh El-Kebir, El-Alim, El-Malki, El-Maghribi à qui est due la première idée de ce livre.* »

Pour le monde intellectuel français, Guénon avait complètement disparu. Il écrivait régulièrement pour *Le Voile d'Isis,* mais le nombre d'abonnés de la revue était restreint. De fait, Guénon n'était plus « d'actualité », et contrairement aux années 1920, il était à contresens de grandes tendances qui se développaient en Europe. La situation économique et politique internationale s'était aggravée, Guénon, qui ne croyait plus en un redressement spirituel possible de l'Occident, prôna ouvertement pour un désengagement total de la sphère sociopolitique.

En 1935, il écrivit désavouer par avance, toute interprétation politique de son œuvre. Cependant, Guénon prit clairement position en publiant l'article « Tradition et traditionalisme » en 1936. Il écrivit que le seul point commun qu'il avait avec les courants réactionnaires, qui se réclamaient des valeurs du passé, était sa critique du monde moderne, qui était donc « *quelque chose de pure-*

ment négatif ». Il ne voyait *dans ces courants que des mouvements traditionalistes sans base doctrinale et sans rattachement initiatique véritable, ce qui ne pouvait conduire qu'à une parodie et il était préférable de ne rien faire que de se lancer dans ces entreprises.* Il se concentra, dans les années 1930, sur le développement d'une base doctrinale solide et proposa à ses lecteurs la voie initiatique comme chemin spirituel. C'est par son action de présence, liée à ce que Guénon appela « *la théorie du geste* », comparable au rôle des ordres contemplatifs dans le domaine religieux, et par la force de la vérité, qu'une élite spirituelle pouvait agir. *Cette action s'opposait à « la force brutale », la « propagande » et l'action politique dans les régimes modernes.*

La décennie 1931-1941 va se caractériser par un renforcement doctrinal par la publication de deux livres importants : *Le Symbolisme de la Croix* (1931) et *Les États multiples de l'être* (1932). Guénon explique que *la métaphysique se réfère à l'inexprimable et s'exprime avant tout en mode symbolique. Alors que le langage ordinaire est essentiellement analytique, discursif et fait appel à la raison, le symbolisme est essentiellement synthétique et permet d'aborder ce qui est « supra-rationnel » et fait appel à l'intuition intellectuelle.* D'après Guénon, *la Croix est le symbole de l'être délivré* dont il était question à la fin de *L'homme et son devenir selon le Vêdânta* qui est désigné sous le nom de « l'Homme universel » dans le soufisme. *C'est en raison de cette signification symbolique que le Christ est mort sur la croix, sans que cela ne diminue la signification historique de cet évènement.*

Les États multiples de l'être : il écrivit plusieurs articles considérés comme fondamentaux dans *Le Voile d'Isis* qui exposaient le « chemin initiatique » comme but de l'existence de « l'homme de Tradition ». Ces articles furent rassemblés plus tard sous la forme de deux livres dont *Aperçus sur l'Initiation* (1946) et *Initiation et Réalisation spirituelle* (publié en 1952 après sa mort).

Après l'occupation de la France par l'Allemagne, Guénon se retrouva presque coupé de tout lien avec l'Europe. Bien que ses écrits ne soient pas une cible privilégiée de l'industrie de démolition nazie. En conséquence de son isolement, Guénon n'était plus obligé d'écrire des articles pour les *Études traditionnelles*, et voyant sa correspondance suspendue avec ses amis ou ses lecteurs d'Europe, il trouva le temps d'écrire ses derniers ouvrages et de réunir certains articles qui seront publiés sous forme de recueil après la guerre. Il fut épargné de tous les événements internationaux puisque les armées italiennes et allemandes furent battues devant Le Caire. Guénon n'écrira pas une seule ligne sur la Seconde Guerre mondiale. Cependant, son ouvrage *Le Règne de la Quantité et les Signes des Temps,* qu'il a rédigé pendant la guerre, peut être considéré comme son explication de la guerre qu'il place dans la perspective globale du cycle de l'Humanité. Jusquelà… *Le Règne de la Quantité et les Signes des Temps* est considéré par les critiques *comme l'œuvre maîtresse de Guénon concernant l'histoire de l'Humanité et l'explication du développement du monde moderne placées dans une perspective cosmique.*

Si l'influence des écrits de Guénon sur la franc-maçonnerie entre 1921 et 1940 fut quasiment nulle, la situation évolua après la guerre. Vichy qui avait désorganisé la maçonnerie par ses persécutions avait réveillé l'intérêt pour la spiritualité des adeptes. En conséquence, des loges d'inspiration « guénonienne » se formèrent, comme *La Grande Triade* en 1947. En 1946, Guénon publia un livre basé sur son mémoire de maîtrise : *Les Principes du calcul infinitésimal* chez Gallimard. Son objectif fut de montrer à quoi correspondait une science traditionnelle : partant d'un problème mathématique, le Calcul infinitésimal montra en quoi les vérités mathématiques peuvent servir de symboles de vérités transcendantes. Ce fut là une de ses dernières publications.

La fin

Guénon recevait très peu de visites dans sa résidence dont l'adresse restait secrète par choix. Les témoignages des visiteurs convergent vers le même constat : « *Tous furent impressionnés par ce personnage, habillé très simplement, d'une courtoisie et d'une pudeur orientales extrêmes, parlant peu, mais écoutant très attentivement.* » Ce qui nous éloigne formidablement du jeune Rastignac intellectuel avide de gloire et de reconnaissance qu'il était dans les années 20. À en croire les observateurs de l'époque, Guénon s'était « élevé » sur un plan de conscience supérieur. Je ne cache pas que j'aurais aimé en juger par moi-même. Enfin, « *les visiteurs soulignèrent tous l'atmosphère "détendue et affectueuse" de la famille et le fait que Guénon était affectueux et généreux avec ses amis.* » Comme certains l'avaient été avec lui, ce qui est un juste retour des choses, basé sur un équilibre élémentaire…

Fin 1950, Guénon, fut pris d'une très grande fatigue et s'alita, n'écrivant et ne lisant plus. Le 7 janvier 1951, il déclara plusieurs fois à ses proches dans la journée : « L'âme s'en va. » Puis, il mourut en répétant plusieurs fois le mot « Allah ». Sa disparition fut annoncée dans la plupart des journaux nationaux. Aura-t-il fait la rencontre qu'il espérait en basculant vers les dimensions occultes, rencontrera-t-il la félicité éternelle, s'inscrira-t-il dans le « tout » universel et sans complexe ?

Nul ne le saura jamais.

Après la mort de Guénon, ses fidèles poursuivirent la publication de son œuvre par un peu plus d'une dizaine d'ouvrages posthumes composés essentiellement des recueils d'articles et de comptes rendus et se consacrèrent à l'exégèse des différentes traditions religieuses et initiatiques, présentées au sein des Études traditionnelles et ailleurs. Les principaux ouvrages de René Guénon ont été traduits dans 20 langues et l'influence de sa pensée n'a cessé de s'étendre avec le temps. La recherche de réponses cohérentes à l'état subi « d'être » n'a pas fini d'user des claviers.

Yoann Laurent-Rouault

René Guénon chez JDH Éditions et Memoria Books

ATEMPORELS (6)

La crise du monde moderne – Préface Jean-David Haddad
Orient et Occident – Préface Pierre Vaude
Le roi du monde – Préface Pénélope Morin
Le règne de la quantité et les signes des temps – Préface Pénélope Morin
L'ésotérisme de Dante – Préface Pénélope Morin
L'erreur spirite – Préface Hakim Segueg

MEMORIA BOOKS, ŒUVRES ESSENTIELLES (2)

Tome 1 :

Tome 2 :

AUTORITÉ SPIRITUELLE
ET
POUVOIR TEMPOREL

AVANT-PROPOS

Nous n'avons pas l'habitude, dans nos travaux, de nous référer à l'actualité immédiate, car ce que nous avons constamment en vue, ce sont les principes, qui sont, pourrait-on dire, d'une actualité permanente, parce qu'ils sont en dehors du temps ; et, même si nous sortons du domaine de la métaphysique pure pour envisager certaines applications, nous le faisons toujours de telle façon que ces applications conservent une portée tout à fait générale. C'est ce que nous ferons encore ici ; et, cependant, nous devons convenir que les considérations que nous allons exposer dans cette étude offrent eu outre un certain intérêt plus particulier au moment présent, en raison des discussions qui se sont élevées en ces derniers temps sur la question des rapports de la religion et de la politique, question qui n'est qu'une forme spéciale prise, dans certaines conditions déterminées, par celle des rapports du spirituel et du temporel. Cela est vrai, mais ce serait une erreur de croire que ces considérations nous ont été plus ou moins inspirées par les incidents auxquels nous faisons allusion, ou que nous entendons les y rattacher directement, car ce serait là accorder une importance fort exagérée à des choses qui n'ont qu'un caractère purement épisodique et qui ne sauraient influer sur des conceptions dont la nature et l'origine sont en réalité d'un tout autre ordre. Comme nous nous efforçons toujours de dissiper par avance tous les malentendus qu'il nous est possible de prévoir, nous tenons à écarter avant tout, aussi nettement et aussi explicitement qu'il se peut, cette fausse interprétation que certains pourraient donner à notre pensée, soit par passion politique ou religieuse, ou en vertu de quelques idées préconçues, soit même par simple incompréhension du point de vue où nous nous plaçons. Tout ce que nous dirons ici, nous l'aurions dit tout aussi bien, et exactement de la même façon, si les faits qui appellent aujourd'hui l'attention sur la question du spirituel et du temporel ne s'étaient pas produits ; les circonstances présentes nous ont seulement montré, plus clairement que jamais, qu'il était nécessaire et opportun de le dire ; elles ont été, si l'on veut, l'occasion qui nous a amené à exposer maintenant certaines vérités de préférence à beaucoup d'autres que nous nous proposons de formuler également si le temps ne nous fait pas défaut, mais qui ne semblent pas susceptibles d'une application aussi immédiate ; et là s'est borné tout leur rôle en ce qui nous concerne.

Ce qui nous a frappé surtout dans les discussions dont il s'agit, c'est que, ni d'un côté ni de l'autre, on n'a paru se préoccuper tout d'abord de situer les questions sur leur véritable terrain, de distinguer d'une façon précise entre l'essentiel et l'accidentel, entre les principes nécessaires et les circonstances contingentes ; et, à vrai dire, cela n'a pas été pour nous surprendre car nous n'y avons vu qu'un nouvel exemple, après bien d'autres, de la confusion qui règne aujourd'hui dans tous les domaines, et que nous regardons comme éminemment caractéristique du monde moderne, pour les raisons que nous avons expliquées dans de précédents ouvrages[1]. Pourtant, nous ne pouvons-nous empêcher de déplorer que cette confusion affecte jusqu'aux représentants d'une autorité spirituelle authentique, qui semblent ainsi perdre de vue ce qui devrait faire leur véritable force, nous voulons dire la transcendance de la doctrine au nom de laquelle ils sont qualifiés pour parler. Il aurait fallu distinguer avant tout la question de principe et la question d'opportunité : sur la première, il n'y a pas à discuter, car il s'agit de choses appartenant à un domaine qui ne peut être soumis aux procédés essentiellement « profanes » de la discussion ; et, quant à la seconde, qui n'est d'ailleurs que d'ordre politique et, pourrait-on dire, diplomatique, elle est en tout cas très secondaire, et même, rigoureusement, elle ne doit pas compter au regard de la question de principe ; il eût, par conséquent, été préférable de ne pas même donner à l'adversaire la possibilité de la soulever, ne fût-ce que sur de simples apparences ; nous ajouterons que, quant à nous, elle ne nous intéresse aucunement.

Nous entendons donc, pour notre part, nous placer exclusivement dans le domaine des principes ; c'est ce qui nous permet de rester entièrement en dehors de toute discussion, de toute po-

---

[1] *Orient et Occident* et *La Crise du Monde moderne*.

lémique, de toute querelle d'école ou de parti, toutes choses auxquelles nous ne voulons être mêlé ni de près ni de loin, à aucun titre ni à aucun degré. Étant absolument indépendant de tout ce qui n'est pas la vérité pure et désintéressée, et bien décidé à le demeurer, nous nous proposons simplement de dire les choses telles qu'elles sont, sans le moindre souci de plaire ou de déplaire à quiconque ; nous n'avons rien à attendre ni des uns ni des autres, nous ne comptons même pas que ceux qui pourraient tirer avantage des idées que nous formulons nous en sachent gré en quelque façon, et, du reste, cela nous importe fort peu. Nous avertissons une fois de plus que nous ne sommes disposé à nous laisser enfermer dans aucun des cadres ordinaires, et qu'il serait parfaitement vain de chercher à nous appliquer une étiquette quelconque, car, parmi celles qui ont cours dans le monde occidental, il n'en est aucune qui nous convienne en réalité ; certaines insinuations, venant d'ailleurs simultanément des côtés les plus opposés, nous ont montré encore tout récemment qu'il était bon de renouveler cette déclaration, afin que les gens de bonne foi sachent à quoi s'en tenir et ne soient pas induits à nous attribuer des intentions incompatibles avec notre véritable attitude et avec le point de vue purement doctrinal qui est le nôtre.

C'est en raison de la nature même de ce point de vue, dégagé de toutes les contingences, que nous pouvons envisager les faits actuels d'une façon aussi complètement impartiale que s'il s'agissait d'événements appartenant à un passé lointain, comme ceux dont il sera surtout question ici lorsque nous en viendrons à citer des exemples historiques pour éclairer notre exposé. Il doit être bien entendu que nous donnons à celui-ci, comme nous le disions dès le début, une portée tout à fait générale, dépassant toutes les formes particulières que peuvent revêtir, selon les temps et les lieux, le pouvoir temporel et même l'autorité spirituelle ; et il faut préciser notamment, sans plus tarder, que cette dernière, pour nous, n'a pas nécessairement la forme religieuse, contrairement à ce qu'on s'imagine communément en Occident. Nous laissons à chacun le soin de faire de ces considérations telle application qu'il jugera convenable à l'égard de cas particuliers que nous nous abstenons à dessein d'envisager directement ; il suffit que cette application, pour être légitime et valable, soit faite dans un esprit vraiment conforme aux principes dont tout dépend, esprit qui est ce que nous appelons l'esprit traditionnel au véritable sens de ce mot, et dont, malheureusement, toutes les tendances spécifiquement modernes sont l'antithèse ou la négation.

C'est précisément un des aspects de la déviation moderne que nous allons avoir encore à envisager, et, à cet égard, la présente étude complètera ce que nous avons eu déjà l'occasion d'expliquer dans les ouvrages auxquels nous faisions allusion tout à l'heure. On verra d'ailleurs que, sur cette question des rapports du spirituel et du temporel, les erreurs qui se sont développées au cours des derniers siècles sont loin d'être nouvelles ; mais du moins leurs manifestations antérieures n'avaient-elles jamais eu que des effets assez limités, alors qu'aujourd'hui ces mêmes erreurs sont devenues en quelque sorte inhérentes à la mentalité commune, qu'elles font partie intégrante d'un état d'esprit qui se généralise de plus en plus. C'est bien là ce qu'il y a de plus particulièrement grave et inquiétant, et, à moins qu'un redressement ne s'opère à bref délai, il est à prévoir que le monde moderne sera entraîné à quelque catastrophe, vers laquelle il semble même marcher avec une vitesse sans cesse croissante. Ayant exposé ailleurs les considérations qui peuvent justifier cette affirmation[2], nous n'y insisterons pas davantage, et nous ajouterons seulement ceci : s'il y a encore, dans les circonstances présentes, quelque espoir de salut pour le monde occidental, il semble que cet espoir doive résider, au moins en partie, dans le maintien de la seule autorité traditionnelle qui y subsiste ; mais il est nécessaire pour cela que cette autorité ait une pleine conscience d'elle-même, afin qu'elle soit capable de fournir une base effective à des efforts qui, autrement, risquent de demeurer dispersés et incoordonnés. C'est là, tout au moins, un des moyens les plus immédiats qui puissent être pris en considération pour une restauration de l'esprit tradi-

---

[2] *La Crise du Monde moderne.*

tionnel ; il y en a d'autres sans doute, si celui-là vient à faire défaut ; mais, comme cette restauration, qui est l'unique remède au désordre actuel, est le but essentiel que nous avons sans cesse en vue dès que, sortant de la pure métaphysique, nous en venons à envisager les contingences, il est facile de comprendre que nous ne négligions aucune des possibilités qui s'offrent pour y parvenir, même si ces possibilités paraissent n'avoir pour le moment que peu de chances de réalisation. C'est en cela, et en cela seulement, que consistent nos véritables intentions ; toutes celles qu'on pourrait nous prêter, en dehors de celles-là, sont parfaitement inexistantes ; et, si certains venaient à prétendre que les réflexions qui vont suivre nous ont été inspirées par des influences extérieures quelles qu'elles soient, nous leur opposons à l'avance le plus formel démenti.

Cela étant dit, parce que nous savons par expérience que de telles précautions ne sont pas inutiles, nous pensons pouvoir nous dispenser par la suite de toute allusion directe à l'actualité, afin de rendre encore plus sensible et plus incontestable le caractère strictement doctrinal que nous voulons conserver à tous nos travaux. Sans doute, les passions politiques ou religieuses n'y trouveront point leur compte, mais c'est là une chose dont nous n'aurons qu'à nous féliciter, car il ne s'agit nullement, pour nous, de fournir un nouvel aliment à des discussions qui nous paraissent fort vaines, voire même assez misérables, mais au contraire de rappeler les principes dont l'oubli est, au fond, la seule vraie cause de toutes ces discussions. C'est, nous le répétons, notre indépendance même qui nous permet de faire cette mise au point en toute impartialité, sans concessions ni compromissions d'aucune sorte ; et, en même temps, elle nous interdit tout autre rôle que celui que nous venons de définir, car elle ne peut être maintenue qu'à la condition de demeurer toujours dans le domaine purement intellectuel, domaine qui, d'ailleurs, est celui des principes essentiels et immuables, par conséquent celui dont tout le reste dérive plus ou moins directement, et par lequel doit forcément commencer le redressement dont nous parlions tout à l'heure : en dehors du rattachement aux principes, on ne peut obtenir que des résultats tout extérieurs, instables et illusoires ; mais ceci, à vrai dire, n'est pas autre chose qu'une des formes de l'affirmation même de la suprématie du spirituel sur le temporel, qui va être précisément l'objet de cette étude.

CHAPITRE I

Autorité et hiérarchie

À des époques fort diverses de l'histoire, et même en remontant bien au-delà de ce qu'on est convenu d'appeler les temps historiques, dans la mesure où il nous est possible de le faire à l'aide des témoignages concordants que nous fournissent les traditions orales ou écrites de tous les peuples[3], nous trouvons les indices d'une fréquente opposition entre les représentants de deux pouvoirs, l'un spirituel et l'autre temporel, quelles que soient d'ailleurs les formes spéciales qu'aient revêtues l'un et l'autre de ces deux pouvoirs pour s'adapter à la diversité des circonstances, selon les époques et selon les pays. Ce n'est pas à dire, cependant, que cette opposition et les luttes qu'elle engendre soient « vieilles comme le monde », suivant une expression dont on abuse trop souvent ; ce serait là une exagération manifeste, car, pour qu'elles viennent à se produire, il a fallu, d'après l'enseignement de toutes les traditions, que l'humanité en soit arrivée déjà à une phase assez éloignée de la pure spiritualité primordiale. D'ailleurs, à l'origine, les deux pouvoirs dont il s'agit n'ont pas dû exister à l'état de fonctions séparées, exercées respectivement par des individualités différentes ; ils devaient, au contraire, être contenus alors l'un et l'autre dans le principe commun dont ils procèdent tous deux, et dont ils représentaient seulement deux aspects indivisibles, indissolublement liés dans l'unité d'une synthèse à la fois supérieure et antérieure à leur distinction. C'est ce qu'exprime notamment la doctrine hindoue lorsqu'elle enseigne qu'il n'y avait tout d'abord qu'une seule caste ; le nom de *Hamsa*, qui est donné à cette caste primitive unique, indique un degré spirituel très élevé, aujourd'hui

---

[3] Ces traditions furent toujours orales tout d'abord ; quelquefois, comme chez les Celtes, elles ne furent jamais écrites ; leur concordance prouve à la fois leur communauté d'origine, donc le rattachement à une tradition primordiale, et la rigoureuse fidélité de la transmission orale, dont le maintien est, dans ce cas, une des principales fonctions de l'autorité spirituelle.

tout à fait exceptionnel, mais qui était alors commun à tous les hommes et qu'ils possédaient en quelque sorte spontanément[4] ; et ce degré est au-delà des quatre castes qui se sont constituées intérieurement, et entre lesquelles se sont réparties les différentes fonctions sociales.

Le principe de l'institution des castes, si complètement incompris des Occidentaux, n'est pas autre chose que la différence de nature qui existe entre les individus humains, et qui établit parmi eux une hiérarchie dont la méconnaissance ne peut amener que le désordre et la confusion. C'est précisément cette méconnaissance qui est impliquée dans la théorie « égalitaire » si chère au monde moderne, théorie qui est contraire à tous les faits les mieux établis, et qui est même démentie par la simple observation courante, puisque l'égalité n'existe nulle part en réalité ; mais ce n'est pas ici le lieu de nous étendre sur ce point, que nous avons déjà traité ailleurs[5]. Les mots qui servent à désigner la caste, dans l'Inde, ne signifient pas autre chose que « nature individuelle » ; il faut entendre par là l'ensemble des caractères qui s'ajoutent à la nature humaine « spécifique » pour différencier les individus entre eux ; et il convient d'ajouter tout de suite que l'hérédité n'entre que pour une part dans la détermination de ces caractères, sans quoi tous les

---

[4] La même indication se retrouve tout aussi nettement formulée dans la tradition extrême-orientale, comme le montre notamment ce passage de Lao-tseu : « Les Anciens, maîtres, possédaient la Logique, la Clairvoyance et l'Intuition ; cette Force de l'Âme restait inconsciente ; cette Inconscience de leur Force Intérieure rendait à leur apparence la majesté… Qui pourrait, de nos jours, par sa clarté majestueuse, clarifier les ténèbres intérieures ? Qui pourrait, de nos jours, par sa vie majestueuse, revivifier la mort intérieure ? Eux, portaient la Voie (*Tao*) dans leur âme et furent Individus Autonomes ; comme tels, ils voyaient les perfections de leurs faiblesses » (*Tao-te-king*, ch. XV, traduction Alexandre Ular ; cf. Tchoang-tseu, ch. VI, qui est le commentaire de ce passage). L'« Inconscience » dont il est parlé ici se rapporte à la spontanéité de cet état, qui n'était alors le résultat d'aucun effort ; et l'expression « Individus Autonomes » doit être entendue dans le sens du terme sanscrit *swêchchhâchârî*, c'est-à-dire « celui qui suit sa propre volonté » ou, suivant une autre expression équivalente qui se rencontre dans l'ésotérisme islamique, « celui qui est à lui-même sa propre loi ».

[5] *La Crise du Monde moderne*, ch. VI ; d'autre part, sur le principe de l'institution des castes, voir *Introduction générale à l'étude des doctrines hindoues*, 3ᵉ partie, ch. VI.

individus d'une même famille seraient exactement semblables, si bien que la caste n'est pas strictement héréditaire en principe, quoiqu'elle ait pu le devenir le plus souvent en fait et dans l'application. En outre, puisqu'il ne saurait y avoir deux individus identiques ou égaux sous tous les rapports, il y a forcément encore des différences entre ceux qui appartiennent à une même caste ; mais, de même qu'il y a plus de caractères communs entre les êtres d'une même espèce qu'entre des êtres d'espèces différentes, il y en a aussi davantage, à l'intérieur de l'espèce, entre les individus d'une même caste qu'entre ceux de castes différentes ; on pourrait donc dire que la distinction des castes constitue, dans l'espèce humaine, une véritable classification naturelle à laquelle doit correspondre la répartition des fonctions sociales. En effet, chaque homme, en raison de sa nature propre, est apte à remplir telles fonctions définies à l'exclusion de telles autres ; et, dans une société établie régulièrement sur des bases traditionnelles, ces aptitudes doivent être déterminées suivant des règles précises, afin que, par la correspondance des divers genres de fonctions avec les grandes divisions de la classification des « natures individuelles », et sauf des exceptions dues à des erreurs d'application toujours possibles, mais réduites en quelque sorte au minimum, chacun se trouve à la place qu'il doit occuper normalement, et qu'ainsi l'ordre social traduise exactement les rapports hiérarchiques qui résultent de la nature même des êtres. Telle est, résumée en peu de mots, la raison fondamentale de l'existence des castes ; et il faut en connaître au moins ces notions essentielles pour comprendre les allusions que nous serons forcément amené à faire par la suite, soit à leur constitution telle qu'elle existe dans l'Inde, soit aux institutions analogues qui se rencontrent ailleurs, car il est évident que les mêmes principes, bien qu'avec des modalités d'application diverses, ont présidé à l'organisation de toutes les civilisations possédant un caractère véritablement traditionnel.

La distinction des castes, avec la différenciation des fonctions sociales à laquelle elle correspond, résulte en somme d'une rupture de l'unité primitive ; et c'est alors qu'apparaissent aussi, comme séparés l'un de l'autre, le pouvoir spirituel et le pouvoir temporel, qui constituent précisément, dans leur exercice distinct, les fonctions respectives des deux premières castes, celle des Brâhmanes et celle des Kshatriyas. D'ailleurs, entre ces deux pouvoirs, comme plus généralement entre toutes les fonctions sociales attribuées désormais à des groupes différents d'individus, il devait y avoir originairement une parfaite harmonie, par laquelle l'unité première était maintenue autant que le permettaient les conditions d'existence de l'humanité dans sa nouvelle phase, car l'harmonie n'est en somme qu'un reflet ou une image de la véritable unité. Ce n'est qu'à un autre stade que la distinction devait se transformer en opposition et en rivalité, que l'harmonie devait être détruite et faire place à la lutte des deux pouvoirs, en attendant que les fonctions inférieures prétendent à leur tour à la suprématie, pour aboutir finalement à la confusion la plus complète, à la négation et au renversement de toute hiérarchie. La conception générale que nous venons d'esquisser ainsi dans ses grands traits est conforme à la doctrine traditionnelle des quatre âges successifs en lesquels se divise l'histoire de l'humanité terrestre, doctrine qui ne se rencontre pas seulement dans l'Inde, mais qui était également connue de l'antiquité occidentale, et spécialement des Grecs et des Latins. Ces quatre âges sont les différentes phases que traverse l'humanité en s'éloignant du principe, donc de l'unité et de la spiritualité primordiale ; ils sont comme les étapes d'une sorte de matérialisation progressive, nécessairement inhérente au développement de tout cycle de manifestation, ainsi que nous l'avons expliqué ailleurs[6].

C'est seulement dans le dernier de ces quatre âges, que la tradition hindoue appelle le *Kali-Yuga* ou « âge sombre », et qui correspond à l'époque où nous sommes présentement, que la subversion de l'ordre normal a pu se produire et que, tout d'abord, le pouvoir temporel a pu l'emporter sur le spirituel ; mais les premières manifestations de la révolte des Kshatriyas contre l'autorité

---

[6] *La Crise du Monde moderne*, ch. 1er.

des Brâhmanes peuvent cependant remonter beaucoup plus haut que le début de cet âge[7], début qui est lui-même fort antérieur à tout ce que connaît l'histoire ordinaire ou « profane ». Cette opposition des deux pouvoirs, cette rivalité de leurs représentants respectifs, était représentée chez les Celtes sous la figure de la lutte du sanglier et de l'ours, suivant un symbolisme d'origine hyperboréenne, qui se rattache à l'une des plus anciennes traditions de l'humanité, sinon même à la première de toutes, à la véritable tradition primordiale ; et ce symbolisme pourrait donner lieu à d'amples développements, qui ne sauraient trouver place ici, mais que nous aurons peut-être l'occasion d'exposer quelque jour[8].

Dans ce qui va suivre, nous n'avons pas l'intention de remonter ainsi jusqu'aux origines, et tous nos exemples seront empruntés à des époques beaucoup plus rapprochées de nous, comprises même uniquement dans ce que nous pouvons appeler la dernière partie du *Kali-Yuga*, celle qui est accessible à l'histoire ordinaire, et qui commence exactement au VIe siècle avant l'ère chrétienne. Il n'en était pas moins nécessaire de donner ces notions sommaires sur l'ensemble de l'histoire traditionnelle, sans lesquelles le reste ne serait compris que très imparfaitement, car on ne peut comprendre vraiment une époque quelconque qu'en la situant à la place qu'elle occupe dans le tout dont elle est un des éléments ; c'est ainsi que, comme nous avons eu à le montrer récemment, les caractères particuliers de l'époque moderne ne s'expliquent que si l'on considère celle-ci comme constituant la phase finale du *Kali-Yuga*. Nous savons bien que ce point de vue synthétique est entièrement contraire à l'esprit d'analyse qui pré-

---

[7] On trouve une indication à cet égard dans l'histoire de Parashu-Râma, qui, dit-on, anéantit les Kshatriyas révoltés, à une époque où les ancêtres des Hindous habitaient encore une région septentrionale.

[8] Il faut dire d'ailleurs que les deux symboles du sanglier et de l'ours n'apparaissent pas toujours forcément comme étant en lutte ou en opposition, mais qu'ils peuvent aussi représenter parfois les deux pouvoirs spirituel et temporel, ou les deux castes des Druides et des Chevaliers, dans leurs rapports normaux et harmoniques, comme on le voit notamment par la légende de Merlin et d'Arthur, qui, en effet, sont aussi le sanglier et l'ours, ainsi que nous l'expliquerons si les circonstances nous permettent de développer ce symbolisme dans une autre étude.

side au développement de la science « profane », la seule que connaissent la plupart de nos contemporains ; mais il convient précisément de l'affirmer d'autant plus nettement qu'il est plus méconnu, et d'ailleurs il est le seul que puissent adopter tous ceux qui, comme nous, entendent se tenir strictement dans la ligne de la véritable orthodoxie traditionnelle, sans aucune concession à cet esprit moderne qui, nous ne le redirons jamais trop, ne fait qu'un avec l'esprit antitraditionnel lui-même.

Sans doute, la tendance qui prévaut actuellement est de traiter de « légendaires », voire même de « mythiques », les faits de la plus lointaine histoire, tels que ceux auxquels nous venons de faire allusion, ou même certains autres qui sont pourtant beaucoup moins anciens, comme quelques-uns de ceux dont il pourra être question par la suite, parce qu'ils échappent aux moyens d'investigation dont disposent les historiens « profanes ». Ceux qui penseraient ainsi, en vertu d'habitudes acquises par une éducation qui n'est trop souvent aujourd'hui qu'une véritable déformation mentale, pourront du moins, s'ils ont malgré tout conservé certaines possibilités de compréhension, prendre ces faits simplement pour leur valeur symbolique ; nous savons, quant à nous, que cette valeur ne leur enlève rien de leur réalité propre en tant que faits historiques, mais elle est en somme ce qui importe le plus, parce qu'elle leur confère une signification supérieure, d'un ordre beaucoup plus profond que celle qu'ils peuvent avoir en eux-mêmes ; et c'est là encore un point qui demande quelques explications.

Tout ce qui est, sous quelque mode que ce soit, participe nécessairement des principes universels, et rien n'est que par participation à ces principes, qui sont les essences éternelles et immuables contenues dans la permanente actualité de l'Intellect divin ; par conséquent, on peut dire que toutes choses, si contingentes qu'elles soient en elles-mêmes, traduisent ou représentent les principes à leur manière et selon leur ordre d'existence, car, autrement elles ne seraient qu'un pur néant. Ainsi, d'un ordre à l'autre, toutes choses s'enchaînent et se correspondent pour concourir à l'harmonie universelle et totale, car l'harmonie, comme nous l'indiquions déjà plus haut, n'est rien d'autre que le reflet de l'unité principielle dans la multiplicité du monde manifesté ; et c'est cette correspondance qui est le véritable fondement du symbolisme. C'est pourquoi les lois d'un domaine inférieur peuvent toujours être prises pour symboliser les réalités d'un ordre supérieur, où elles ont leur raison profonde, qui est à la fois leur principe et leur fin ; et nous pouvons signaler en passant, à cette occasion, l'erreur des modernes interprétations « naturalistes » des antiques doctrines traditionnelles, interprétations qui renversent purement et simplement la hiérarchie des rapports entre les différents ordres de réalités. Par exemple, pour ne considérer qu'une des théories les plus répandues de nos jours, les symboles ou les mythes n'ont jamais eu pour rôle de représenter le mouvement des astres, mais ce qui est vrai, c'est qu'on y trouve souvent des figures inspirées de celui-ci et destinées à exprimer analogiquement tout autre chose, parce que les lois de ce mouvement traduisent physiquement les principes métaphysiques dont elles dépendent ; et c'est là-dessus que reposait la véritable astrologie des anciens. L'inférieur peut symboliser le supérieur, mais l'inverse est impossible ; d'ailleurs, si le symbole était plus éloigné de l'ordre sensible que ce qu'il représente, au lieu d'en être plus rapproché, comment pourrait-il remplir la fonction à laquelle il est destiné, qui est de rendre la vérité plus accessible à l'homme en fournissant un « support » à sa conception ? D'autre part, il est bien évident que l'emploi d'un symbolisme astronomique, pour reprendre le même exemple, n'empêche nullement les phénomènes astronomiques d'exister comme tels et d'avoir, dans leur ordre propre, toute la réalité dont ils sont susceptibles ; il en est exactement de même pour les faits historiques, car ceux-ci, comme tous les autres, expriment selon leur mode les vérités supérieures et se conforment à cette loi de correspondance que nous venons d'indiquer. Ces faits, eux aussi, existent bien réellement comme tels, mais, en même temps, ils sont également des symboles ; et, à notre point de vue, ils sont beaucoup plus dignes d'intérêt en tant que symboles qu'en tant que faits ; il ne peut en être autrement, dès lors que nous entendons tout rattacher aux principes, et c'est précisément là, comme nous l'avons expliqué ailleurs[9], ce qui distingue essentiellement la « science sacrée » de la « science profane ». Si nous y avons insisté quelque peu, c'est pour qu'il ne se produise aucune confusion à cet égard : il faut savoir mettre chaque chose au rang qui lui revient normalement ; l'histoire, à la condition d'être envisagée comme il convient, a, comme tout le reste, sa place dans la connaissance intégrale, mais elle n'a de valeur, sous ce rapport, qu'en tant qu'elle permet de trouver, dans les contingences mêmes qui sont son objet immédiat, un point d'appui pour s'élever au-dessus de ces contingences. Quant au point de vue de l'histoire « profane », qui s'attache exclusivement aux faits et ne les dépasse pas, il est sans intérêt à nos yeux, de même que tout ce qui est du domaine de la simple érudition ; ce n'est donc nullement en historien, si on l'entend en ce sens, que nous considérons les faits, et c'est ce qui nous permet de ne tenir aucun compte de certains préjugés « critiques » particulièrement chers à notre époque. Il semble bien, d'ailleurs, que l'emploi exclusif de certaines méthodes n'ait été imposé aux historiens modernes que pour les empêcher de voir clair dans des questions auxquelles il ne fallait pas toucher, pour la simple raison qu'elles auraient pu les amener à des conclusions contraires aux tendances « matérialistes » que l'enseignement « officiel » avait pour mission de faire prévaloir ; il va de soi que, pour notre part, nous ne nous sentons aucunement tenu de garder la même réserve. Cela dit, nous pensons donc pouvoir aborder directement le sujet de notre étude, sans nous attarder davantage à ces observations préliminaires, qui n'ont en somme pour but que de définir le plus nettement possible l'esprit dans lequel nous l'écrivons, et dans lequel il convient également de la lire si l'on veut vraiment en comprendre le sens.

---

[9] *La crise du Monde moderne*, ch. IV.

CHAPITRE II

Fonctions du sacerdoce et de la royauté

L'opposition des deux pouvoirs spirituel et temporel, sous une forme ou sous une autre, se rencontre à peu près chez tous les peuples, ce qui n'a rien de surprenant, puisqu'elle correspond à une loi générale de l'histoire humaine, se rattachant d'ailleurs à tout l'ensemble de ces « lois cycliques » auxquelles, dans presque tous nos ouvrages, nous avons fait de fréquentes allusions. Pour les périodes les plus anciennes, cette opposition se trouve habituellement, dans les données traditionnelles, exprimée sous une forme symbolique, comme nous l'avons déjà indiqué précédemment en ce qui concerne les Celtes ; mais ce n'est pas cet aspect de la question que nous nous proposons spécialement de développer ici. Nous retiendrons surtout, pour le moment, deux exemples historiques, pris l'un en Orient et l'autre en Occident : dans l'Inde, l'antagonisme dont il s'agit se rencontre sous la forme de la rivalité des Brâhmanes et des Kshatriyas, dont nous aurons à retracer quelques épisodes ; dans l'Europe du moyen âge, elle apparaît surtout comme ce qu'on a appelé la querelle du Sacerdoce et de l'Empire, bien qu'elle ait eu aussi alors d'autres aspects plus particuliers, mais non moins caractéristiques, comme on le verra par la suite[10]. Il ne serait d'ailleurs que trop facile de constater que la même lutte se poursuit encore de nos jours, quoique, du fait du désordre moderne et du « mélange des castes », elle se complique d'éléments hétérogènes qui peuvent la dissimuler parfois aux regards d'un observateur superficiel.

---

[10] On pourrait sans peine trouver bien d'autres exemples, notamment en Orient : en Chine, les luttes qui se produisent à certaines époques entre les Taoïstes et les Confucianistes, dont les doctrines respectives se rapportent aux domaines des deux pouvoirs, comme nous l'expliquerons plus loin ; au Thibet, l'hostilité témoignée d'abord par les rois au Lamaïsme, qui finit d'ailleurs, non seulement par triompher, mais par absorber complètement le pouvoir temporel dans l'organisation « théocratique » qui existe encore actuellement.

Ce n'est pas qu'on ait contesté, généralement du moins et en dehors de certains cas extrêmes, que ces deux pouvoirs, que nous pouvons appeler le pouvoir sacerdotal et le pouvoir royal, car ce sont là leurs véritables dénominations traditionnelles, aient l'un et l'autre leur raison d'être et leur domaine propre. En somme, le débat ne porte habituellement que sur la question des rapports hiérarchiques qui doivent exister entre eux ; c'est une lutte pour la suprématie, et cette lutte se produit invariablement de la même façon : nous voyons les guerriers, détenteurs du pouvoir temporel, après avoir été tout d'abord soumis à l'autorité spirituelle, se révolter contre elle, se déclarer indépendants de toute puissance supérieure, ou même chercher à se subordonner cette autorité dont ils avaient pourtant, à l'origine, reconnu tenir leur pouvoir, et à en faire un instrument au service de leur propre domination. Cela seul peut suffire à montrer qu'il doit y avoir, dans une telle révolte, un renversement des rapports normaux ; mais on le voit encore beaucoup plus clairement en considérant ces rapports comme étant, non pas simplement ceux de deux fonctions sociales plus ou moins nettement définies et dont chacune peut avoir la tendance assez naturelle à empiéter sur l'autre, mais ceux des deux domaines dans lesquels s'exercent respectivement ces fonctions ; ce sont, en effet, les relations de ces domaines qui doivent logiquement déterminer celles des pouvoirs correspondants.

Cependant, avant d'aborder directement ces considérations, nous devons encore formuler quelques observations qui en faciliteront la compréhension, en précisant le sens de certains des termes dont nous aurons à nous servir constamment ; et cela est d'autant plus nécessaire que ces termes, dans l'usage courant, ont pris une signification assez vague et parfois bien éloignée de leur acception première. Tout d'abord, si nous parlons de deux pouvoirs, et si nous pouvons le faire dans les cas où il y a lien, pour des raisons diverses, de garder entre eux une sorte de symétrie extérieure, nous préférons pourtant, le plus souvent, et pour mieux marquer la distinction, employer, pour l'ordre spirituel, le mot d'« autorité », plutôt que celui de « pouvoir », qui est alors réservé à l'ordre temporel, auquel il convient plus proprement quand on veut l'entendre au sens strict. En effet, ce mot de « pouvoir » évoque presque inévitablement l'idée de puissance ou de force, et surtout d'une force matérielle[11], d'une puissance qui se manifeste visiblement au-dehors et s'affirme par l'emploi de moyens extérieurs ; et tel est bien, par définition même, le pouvoir temporel[12]. Au contraire, l'autorité spirituelle, intérieure par essence, ne s'affirme que par elle-même, indépendamment de tout appui sensible, et s'exerce en quelque sorte invisiblement ; si l'on peut encore parler ici de puissance ou de force, ce n'est que par transposition analogique et, du moins dans le cas d'une autorité spirituelle à l'être pur, si l'on peut dire, il faut bien comprendre qu'il s'agit alors d'une puissance tout intellectuelle, dont le nom est « sagesse », et de la seule force de la vérité[13].

Ce qui demande aussi à être expliqué, et même un peu plus longuement, ce sont les expressions, que nous avons employées tout à l'heure, de pouvoir sacerdotal et de pouvoir royal ; que faut-il entendre ici exactement par sacerdoce et par royauté ? Pour commencer par cette dernière, nous dirons que la fonction royale comprend tout ce qui, dans l'ordre social, constitue le « gouvernement » proprement dit, et cela quand bien même ce gouvernement n'aurait pas la forme monarchique ; cette fonction, en effet, est celle qui appartient en propre à toute la caste des Kshatriyas, et le roi n'est que le premier parmi ceux-ci. La fonction dont il s'agit est double en quelque sorte : administrative et judiciaire d'une part, militaire de l'autre, car elle doit assurer le

---

[11] On pourrait d'ailleurs faire rentrer aussi dans cette notion la force de la volonté, qui n'est pas « matérielle » au sens du mot, mais qui, pour nous, est encore du même ordre, puisqu'elle est essentiellement orientée vers l'action.

[12] Le nom de la caste des Kshatriyas est dérivé de *kshatra*, qui signifie « force ».

[13] En hébreu, la distinction que nous indiquons ici est marquée par l'emploi de racines qui se correspondent, mais qui diffèrent par la présence des lettres *kaph* et *qoph*, lesquelles sont respectivement, par leur interprétation hiéroglyphique, les signes de la force spirituelle et de la force matérielle, d'où, d'une part, les sens de la vérité, sagesse, connaissance, et, de l'autre, ceux de puissance, possession, domination : telles sont les racines *hak* et *haq*, *kan* et *qan*, les premières formes désignant les attributions du pouvoir sacerdotal, et les secondes celles du pouvoir royal (voir *Le Roi du Monde*, ch. VI).

maintien de l'ordre à la fois au dedans, comme fonction régulatrice et équilibrante, et au dehors, comme fonction protectrice de l'organisation sociale ; ces deux éléments constitutifs du pouvoir royal sont, dans diverses traditions, symbolisés respectivement par la balance et l'épée. On voit par-là que pouvoir royal est bien réellement synonyme de pouvoir temporel, même en prenant ce dernier dans toute l'extension dont il est susceptible ; mais l'idée beaucoup plus restreinte que l'Occident moderne se fait de la royauté peut empêcher que cette équivalence apparaisse immédiatement, et c'est pourquoi il était nécessaire de formuler dès maintenant cette définition, qui ne devra jamais être perdue de vue par la suite.

Quant au sacerdoce, sa fonction essentielle est la conservation et la transmission de la doctrine traditionnelle, dans laquelle toute organisation sociale régulière trouve ses principes fondamentaux ; cette fonction, d'ailleurs, est évidemment indépendante de toutes les formes spéciales que peut revêtir la doctrine pour s'adapter, dans son expression, aux conditions particulières de tel peuple ou de telle époque, et qui n'affectent en rien le fond même de cette doctrine, lequel demeure partout et toujours identique et immuable, dès lors qu'il s'agit de traditions authentiquement orthodoxes. Il est facile de comprendre que la fonction du sacerdoce n'est pas précisément celle que les conceptions occidentales, aujourd'hui surtout, attribuent au « clergé » ou aux « prêtres », ou que du moins, si elle peut être cela dans une certaine mesure et dans certains cas, elle peut aussi être bien autre chose. En effet, ce qui possède proprement le caractère « sacré », c'est la doctrine traditionnelle et ce qui s'y rapporte directement, et cette doctrine ne prend pas nécessairement la forme religieuse[14] ; « sacré » et « religieux » ne s'équivalent donc nullement, et le premier de ces deux termes est beaucoup plus étendu que le second ; si la religion fait partie du domaine « sacré », celui-ci comprend des éléments et des

---

[14] On verra d'ailleurs plus loin pourquoi la forme religieuse proprement dite est particulière à l'Occident.

modalités qui n'ont absolument rien de religieux ; et le sacerdoce, comme son nom l'indique, se rapporte, sans aucune restriction, à tout ce qui peut véritablement être dit « sacrée ».

La vraie fonction du sacerdoce est donc, avant tout, une fonction de connaissance et d'enseignement[15], et c'est pourquoi, comme nous le disions plus haut, son attribut propre est la sagesse ; assurément, certaines autres fonctions plus extérieures, comme l'accomplissement des rites, lui appartiennent également, parce qu'elles requièrent la connaissance de la doctrine, en principe tout au moins, et participent du caractère « sacré » qui est inhérent à celle-ci ; mais ces fonctions ne sont que secondaires, contingentes et en quelque sorte accidentelles[16]. Si, dans le monde occidental, l'accessoire semble ici être devenu la fonction principale, sinon même unique, c'est que la nature réelle du sacerdoce y est à peu près complètement oubliée ; c'est là un des effets de la déviation moderne,

---

[15] C'est en raison de cette fonction d'enseignement que, dans le *Purusha-sûkta* du *Rig-Vêda*, les Brâhmanes sont représentés comme correspondant à la bouche de *Purusha*, envisagé comme l'« Homme Universel », tandis que les Kshatriyas correspondent à ses bras, parce que leurs fonctions se rapportent essentiellement à l'action.

[16] Parfois, l'exercice des fonctions intellectuelles d'une part et rituelles de l'autre a donné naissance, dans le sacerdoce même, à deux divisions ; on en trouve un exemple très net au Thibet : « La première des deux grandes divisions comprend ceux qui préconisent l'observation des préceptes moraux et des règles monastiques comme moyen de salut ; la seconde englobe tous ceux qui préfèrent une méthode purement intellectuelle (appelée "voie directe"), affranchissant celui qui la suit de toutes lois, quelles qu'elles soient. Il s'en faut qu'une cloison parfaitement étanche sépare les adhérents de ces deux systèmes. Bien rares sont les religieux attachés au premier qui ne reconnaissent pas que la vie vertueuse et la discipline des observances monastiques, tout excellentes et, en bien des cas, indispensables qu'elles soient, ne constituent pourtant qu'une simple préparation à une voie supérieure. Quant aux partisans du second système, tous, sans exception croient pleinement aux effets bienfaisants d'une stricte fidélité aux lois morales et à celles qui sont spécialement édictées pour les membres du Sangha (communauté bouddhique). De plus, tous aussi sont unanimes à déclarer que la première des deux méthodes est la plus recommandable pour la majorité des individus » (Alexandra David-Néel, *Le Thibet mystique*, dans la *Revue de Paris*, 15 février 1928). Nous avons tenu à reproduire textuellement ce passage, bien que certaines des expressions qui y sont employées appellent quelques réserves : ainsi, il n'y a pas là deux « systèmes », qui, comme tels, s'excluraient forcément ; mais le rôle de moyens contingents qui est celui des rites et des observances de toutes sortes et leur subordination par rapport à la voie purement intellectuelle y sont définis très nettement, et d'une façon qui, d'autre part, est exactement conforme aux enseignements de la doctrine hindoue sur le même sujet.

négatrice de l'intellectualité[17], et qui, si elle n'a pu faire disparaître tout enseignement doctrinal, l'a du moins « minimisé » et rejeté au dernier plan. Qu'il n'en ait pas toujours été ainsi, le mot même de « clergé » en fournit la preuve, car, originairement, « clerc » ne signifie pas autre chose que « savant »[18], et il s'oppose à « laïque », qui désigne l'homme du peuple, c'est-à-dire du « vulgaire », assimilé à l'ignorant ou au « profane », à qui on ne peut demander que de croire ce qu'il n'est pas capable de comprendre, parce que c'est là le seul moyen de le faire participer à la tradition dans la mesure de ses possibilités[19]. Il est même curieux de noter que les gens qui, à notre époque, se font gloire de se dire « laïques », tout aussi bien que ceux qui se plaisent à s'intituler « agnostiques », et d'ailleurs ce sont souvent les mêmes, ne font en cela que se vanter de leur propre ignorance ; et pour qu'ils ne se rendent pas compte que tel est le sens des étiquettes dont ils se parent, il faut que cette ignorance soit en effet bien grande et vraiment irrémédiable.

Si le sacerdoce est, par essence, le dépositaire de la connaissance traditionnelle, ce n'est pas à dire qu'il en ait le monopole, puisque sa mission est, non seulement de la conserver intégralement, mais aussi de la communiquer à tous ceux qui sont aptes à la recevoir,

---

[17] Nous pensons qu'il est presque superflu de rappeler que nous prenons toujours ce mot dans le sens où il se rapporte à l'intelligence pure et à la connaissance supra-rationnelle.

[18] Ce n'est pas qu'il soit légitime d'étendre la signification du mot « clerc » comme l'a fait M. Julien Benda dans son livre, *La Trahison des Clercs*, car cette extension implique la méconnaissance d'une distinction fondamentale, celle même de la « connaissance sacrée » et du « savoir profane » ; la spiritualité et l'intellectualité n'ont certainement pas le même sens pour M. Benda que pour nous, et il fait entrer dans le domaine qu'il qualifie de spirituel bien des choses qui, à nos yeux, sont d'ordre purement temporel et humain, ce qui ne doit pas, d'ailleurs, nous empêcher de reconnaître qu'il y a dans son livre des considérations fort intéressantes et justes à bien des égards.

[19] La distinction qui est faite dans le Catholicisme entre l'« Église enseignante » et l'« Église enseignée » devrait être précisément une distinction entre « ceux qui savent » et « ceux qui croient » ; elle est cela en principe, mais, dans l'état présent des choses, l'est-elle encore en fait ? Nous nous bornons à poser la question, car ce n'est pas à nous qu'il appartient de la résoudre, et d'ailleurs nous n'en avons pas les moyens ; en effet, si bien des indices nous font craindre que la réponse ne doive être négative, nous ne prétendons pourtant pas avoir une connaissance complète de l'organisation actuelle de l'Église catholique, et nous ne pouvons qu'exprimer le souhait qu'il existe encore, dans son intérieur, un centre où se conserve intégralement, non seulement la « lettre », mais l'« esprit » de la doctrine traditionnelle.

de la distribuer en quelque sorte hiérarchiquement suivant la capacité intellectuelle de chacun. Toute connaissance de cet ordre a donc sa source dans l'enseignement sacerdotal, qui est l'organe de sa transmission régulière ; et ce qui apparaît comme plus particulièrement réservé au sacerdoce, en raison de son caractère de pure intellectualité, c'est la partie supérieure de la doctrine, c'est-à-dire la connaissance des principes mêmes, tandis que le développement de certaines applications convient mieux aux aptitudes des autres hommes, que leurs fonctions propres mettent en contact direct et constant avec le monde manifesté, c'est-à-dire avec le domaine auquel se rapportent ces applications. C'est pourquoi nous voyons dans l'Inde, par exemple, que certaines branches secondaires de la doctrine ont été étudiées plus spécialement par les Kshatriyas, tandis que les Brâhmanes n'y attachent qu'une importance très relative, leur attention étant sans cesse fixée sur l'ordre des principes transcendants et immuables, dont tout le reste n'est que conséquences accidentelles, ou, si l'on prend les choses en sens inverse, sur le but suprême par rapport auquel tout le reste n'est que moyens contingents et subordonnés[20]. Il existe même des livres traditionnels qui sont particulièrement destinés à l'usage des Kshatriyas, parce qu'ils présentent des aspects doctrinaux adaptés à leur nature propre[21] ; il y a des « sciences traditionnelles » qui conviennent surtout aux Kshatriyas, tandis que la métaphysique pure

---

[20] Tel est, dans l'Inde, le cas des *Itihâsas* et des *Purânas*, tandis que l'étude du *Vêda* concerne proprement les Brâhmanes, parce que c'est là le principe de toute la connaissance sacrée ; on verra d'ailleurs plus loin que la distinction des objets d'étude convenant aux deux castes correspond, d'une façon générale, à celle des deux parties de la tradition qui, dans la doctrine hindoue, sont appelées *Shruti* et *Smriti*.

[21] Nous avons déjà eu ailleurs l'occasion de signaler un cas auquel s'applique ce que nous disons ici : tandis que les Brâhmanes se sont toujours attachés à peu près exclusivement, du moins pour leur usage personnel, à la réalisation immédiate de la « Délivrance » finale, les Kshatriyas ont développé de préférence l'étude des états conditionnés et transitoires qui correspondent aux divers stades des deux « voies du monde manifesté », appelées *dêva-yâna* et *pitri-yâna* (*L'Homme et son devenir selon le Vêdânta*, 3ᵉ édition, ch. XXI).

est l'apanage des Brâhmanes[22]. Il n'y a là rien que de parfaitement légitime, car ces applications ou adaptations font aussi partie de la connaissance sacrée envisagée dans son intégralité, et d'ailleurs, bien que la caste sacerdotale ne s'y intéresse pas directement pour son propre compte, elles sont néanmoins son œuvre, puisqu'elle seule est qualifiée pour en contrôler la parfaite conformité avec les principes. Seulement, il peut arriver que les Kshatriyas, quand ils entrent en révolte contre l'autorité spirituelle, méconnaissent le caractère relatif et subordonné de ces connaissances, qu'en même temps ils les considèrent comme leur bien propre et nient les avoir reçues des Brâhmanes, et qu'enfin ils aillent même jusqu'à les prétendre supérieures à celles qui sont la possession exclusive de ces derniers. Ce qui résulte de là, c'est, dans les conceptions des Kshatriyas révoltés, le renversement des rapports normaux entre les principes et leurs applications, ou même parfois, dans les cas les plus extrêmes la négation pure et simple de tout principe transcendant ; c'est donc, dans tous les cas, la substitution de la « physique » à la « métaphysique », en entendant ces mots dans leur sens rigoureusement étymologique, ou, en d'autres termes, ce qu'on peut appeler le « naturalisme », ainsi qu'on le verra mieux encore par la suite[23].

De cette distinction, dans la connaissance sacrée ou traditionnelle, de deux ordres que l'on peut, d'une manière générale, désigner comme celui des principes et celui des applications, ou encore, suivant ce que nous venons de dire, comme l'ordre « métaphysique » et l'ordre « physique », était dérivée, dans les mystères

---

[22] Nous parlons toujours des Brâhmanes et des Kshatriyas pris dans leur ensemble ; s'il y a des exceptions individuelles, elles ne portent aucune atteinte au principe même des castes, et elles prouvent seulement que l'application de ce principe ne peut être qu'approximative, surtout dans les conditions qui sont celles du *Kali-Yuga*.

[23] Bien que nous parlions ici de Brâhmanes et de Kshatriyas, parce que l'emploi de ces mots facilite grandement l'expression des choses dont il s'agit, il doit être bien entendu que tout ce que nous disons ici ne s'applique pas uniquement à l'Inde ; et la même remarque vaudra toutes les fois que nous emploierons ainsi ces mêmes termes sans nous référer expressément à la forme traditionnelle hindoue ; nous nous expliquerons d'ailleurs plus complètement là-dessus un peu plus loin.

antiques, en Occident aussi bien qu'en Orient, la distinction de ce qu'on appelait les « grands mystères » et les « petits mystères », ceux-ci comportant en effet essentiellement la connaissance de la nature, et ceux-là la connaissance de ce qui est au-delà de la nature[24]. Cette même distinction correspondait précisément à celle de l'« initiation sacerdotale » et de l'« initiation royale », c'est-à-dire que les connaissances qui étaient enseignées dans ces deux sortes de mystères étaient celles qui étaient regardées comme nécessaires à l'exercice des fonctions respectives des Brâhmanes et des Kshatriyas, ou de ce qui était l'équivalent de ces deux castes dans les institutions des divers peuples[25] ; mais, bien entendu, c'est le sacerdoce qui, en vertu de sa fonction d'enseignement, conférait également les deux initiations, et qui assurait ainsi la légitimité effective, non seulement de ses propres membres, mais aussi de ceux de la caste à laquelle appartenait le pouvoir temporel ; et c'est de là, comme nous le verrons, que procède le « droit

---

[24] À un point de vue un peu différent, mais néanmoins étroitement lié à celui-là, on peut dire aussi que les « petits mystères » concernent seulement les possibilités de l'état humain, tandis que les « grands mystères » concernent les états supra-humains ; par la réalisation de ces possibilités ou de ces états, ils conduisent respectivement au « Paradis terrestre » et au « Paradis céleste », ainsi que le dit Dante dans un texte du *De Monarchia* que nous citerons plus loin ; et il ne faut pas oublier que, comme le même Dante l'indique assez clairement dans sa *Divine Comédie*, et comme nous aurons encore l'occasion de le redire par la suite, le « Paradis terrestre » ne doit être considéré, en réalité, que comme une étape sur la voie qui mène au « Paradis céleste ».

[25] Dans l'ancienne Égypte, dont la constitution était nettement « théocratique », il semble que le roi ait été considéré comme assimilé à la caste sacerdotale par le fait de son initiation aux mystères, et que même il ait été pris parfois parmi les membres de cette caste ; c'est du moins ce qu'affirme Plutarque : « Les rois étaient choisis parmi les prêtres ou parmi les guerriers, parce que ces deux classes, l'une en raison de son courage, l'autre en vertu de sa sagesse, jouissant d'une estime et d'une considération particulières. Quand le roi était tiré de la classe des guerriers, il entrait dès son élection dans la classe des prêtres ; il était alors initié à cette philosophie où tant de choses, sous des formules et des mythes qui enveloppaient d'une apparence obscure la vérité et la manifestaient par transparence, étaient cachées » (*Isis et Osiris*, 9, traduction Mario Meunier). On remarquera que la fin de ce passage contient l'indication très explicite du double sens du mot « révélation » (cf. *Le Roi du Monde*, p. 38).

divin » des rois[26] (2). S'il en est ainsi, c'est que la possession des « grands mystères » implique, *a fortiori* et comme « par surcroît », celle des « petits mystères » ; comme toute conséquence et toute application est contenue dans le principe dont elle procède, la fonction supérieure comporte « éminemment » les possibilités des fonctions inférieures[27] ; il en est nécessairement ainsi dans toute hiérarchie véritable, c'est-à-dire fondée sur la nature même des êtres.

Il est encore un point que nous devons signaler ici, au moins sommairement et sans y insister outre mesure : à côté des expressions d'« initiation sacerdotale » et d'« initiation royale », et pour ainsi dire parallèlement on rencontre aussi celles d'« art sacerdotal » et d'« art royal », qui désignent la mise en œuvre des connaissances enseignées dans les initiations correspondantes, avec tout l'ensemble des « techniques » relevant de leurs domaines respectifs[28]. Ces désignations se sont conservées longtemps dans les anciennes corporations, et la seconde, celle d'« art royal », a même eu un destin assez singulier, car elle s'est transmise jusqu'à la Maçonnerie moderne, dans laquelle, cela va sans dire, elle ne subsiste plus, ainsi que beaucoup d'autres termes et symboles, que comme un vestige incompris du passé. Quant à la désignation d'« art sacer-

---

[26] Il faut ajouter que, dans l'Inde, la troisième caste, celle des Vaishyas, dont les fonctions propres sont celles de l'ordre économique, est admise aussi à une initiation lui donnant droit aux qualifications qui lui sont ainsi communes avec les deux premières, d'*ârya* ou « noble » et de *dwija* ou « deux fois né » ; les connaissances qui lui conviennent spécialement ne représentent d'ailleurs, en principe tout au moins, qu'une portion restreinte des « petits mystères » tels que nous venons de les définir ; mais nous n'avons pas à insister sur ce point, puisque le sujet de la présente étude ne comporte proprement que la considération des rapports des deux premières castes.

[27] On peut donc dire que le pouvoir spirituel appartient « formellement » à la caste sacerdotale, tandis que le pouvoir temporel appartient « éminemment » à cette même caste sacerdotale et « formellement » à la caste royale. C'est ainsi que, d'après Aristote, les « formes » supérieures contiennent « éminemment » les « formes » inférieures.

[28] Il faut noter à ce propos que, chez les Romains, Janus, qui était le dieu de l'initiation aux mystères, était en même temps le dieu des *Collegia fabrorum* ; ce rapprochement est tout particulièrement significatif au point de vue de la correspondance que nous indiquons ici. — Sur la transposition par laquelle tout art, aussi bien que toute science, peut recevoir une valeur proprement « initiatique », voir *L'Ésotérisme de Dante*, pp. 12-15.

dotal », elle a entièrement disparu ; cependant, elle convenait évidemment à l'art des constructeurs des cathédrales du moyen âge, au même titre que celui des constructeurs des temples de l'antiquité ; mais il dut se produire ensuite une confusion des deux domaines, due à une perte au moins partielle de la tradition, conséquence elle-même des empiètements du temporel sur le spirituel ; et c'est ainsi que se perdit jusqu'au nom de l'« art sacerdotal », sans doute vers l'époque de la Renaissance, qui marque en effet, sous tous les rapports, la consommation de la rupture du monde occidental avec ses propres doctrines traditionnelles[29].

---

[29] Certains fixent avec précision au milieu du XVᵉ siècle la date de cette perte de l'ancienne tradition, qui entraîna la réorganisation, en 1459, des confréries de constructeurs sur une nouvelle base, désormais incomplète. Il est à remarquer que c'est à partir de cette époque que les églises cessèrent d'être orientées régulièrement, et ce fait a, pour ce dont il s'agit, une importance beaucoup plus considérable qu'on ne pourrait le penser à première vue (cf. *Le Roi du Monde*, pp. 96 et 123-124).

CHAPITRE III

Connaissance et action

Nous avons dit plus haut que les rapports des deux pouvoirs spirituel et temporel doivent être déterminés par ceux de leurs domaines respectifs ; ramenée ainsi à son principe, la question nous paraît très simple, car elle n'est pas autre chose, au fond, que celle des rapports de la connaissance et de l'action. On pourrait objecter à cela que, d'après ce que nous venons d'exposer, les détenteurs du pouvoir temporel doivent aussi posséder normalement une certaine connaissance ; mais, outre qu'ils ne la possèdent pas par eux-mêmes et qu'ils la reçoivent de l'autorité spirituelle, cette connaissance ne porte que sur les applications de la doctrine, et non sur les principes mêmes ; ce n'est donc, à proprement parler, qu'une connaissance par participation. La connaissance par excellence, la seule qui mérite véritablement ce nom dans la plénitude de son sens, c'est la connaissance des principes, indépendamment de toute application contingente, et c'est celle-ci qui appartient exclusivement à ceux qui possèdent l'autorité spirituelle, parce qu'il n'y a en elle rien qui relève de l'ordre temporel, même entendu dans son acception la plus large. Par contre, quand on passe aux applications, on se réfère à cet ordre temporel, parce que la connaissance n'est plus envisagée alors uniquement en elle-même et pour elle-même, mais en tant qu'elle donne à l'action sa loi ; et c'est dans cette mesure qu'elle est nécessaire à ceux dont la fonction propre est essentiellement du domaine de l'action.

Il est évident que le pouvoir temporel, sous ses diverses formes militaire, judiciaire, administrative, est tout entier engagé dans l'action ; il est donc, par ses attributions mêmes, enfermé dans les mêmes limites que celle-ci, c'est-à-dire dans les limites du monde qu'on peut appeler proprement « humain », en comprenant d'ailleurs dans ce terme des possibilités beaucoup plus étendues que celles qu'on y envisage le plus habituellement. Au contraire, l'autorité spirituelle se fonde tout entière sur la connaissance, puisque, comme on l'a vu, sa fonction essentielle est la conservation et l'enseignement de la doctrine, et son domaine est illimité comme la vérité même[30] ; ce qui lui est réservé par la nature même des choses, ce qu'elle ne peut communiquer aux hommes dont les fonctions sont d'un autre ordre, et cela parce que leurs possibilités ne le comportent pas, c'est la connaissance transcendante et « suprême »[31], celle qui dépasse le domaine « humain » et même, plus généralement, le monde manifesté, celle qui est, non plus « physique », mais « métaphysique » au sens étymologique de ce mot. Il doit être bien compris qu'il ne s'agit pas là d'une volonté de la caste sacerdotale de garder pour elle seule la connaissance de certaines vérités, mais d'une nécessité qui résulte directement des différences de nature existant entre les êtres, différences qui, nous l'avons déjà dit, sont la raison d'être et le fondement de la distinction des castes. Les hommes qui sont faits pour l'action ne sont pas faits pour la pure connaissance, et, dans une société constituée sur des bases vraiment traditionnelles, chacun doit remplir la fonction pour laquelle il est réellement « qualifié » ; autrement, tout n'est que confusion et désordre, nulle fonction n'est remplie comme elle devrait l'être, et c'est précisément ce qui se produit à l'époque actuelle.

Nous savons bien que, en raison de cette confusion même, les considérations que nous exposons ici ne peuvent que paraître fort étranges dans le monde occidental moderne, où ce qu'on appelle « spirituel » n'a le plus souvent qu'un rapport bien lointain avec le point de vue strictement doctrinal et avec la connaissance dégagée de toutes les contingences. On peut même, à ce sujet, faire une observation assez curieuse : on ne se contente plus aujourd'hui de distinguer le spirituel et le temporel comme il est légitime et même nécessaire de le faire, mais on a la prétention de les séparer radicalement ; et il se trouve justement que les deux

---

[30] Selon la doctrine hindoue, les trois termes « Vérité, Connaissance, Infini » sont identifiés dans le Principe suprême : c'est le sens de la formule *Satyam Jnânam Anantam Brahma*.

[31] Dans l'Inde, la connaissance (*vidyâ*) est, selon son objet ou son domaine, distinguée en « suprême » (*parâ*) et « non-suprême » (*aparâ*).

ordres n'ont jamais été mêlés comme ils le sont présentement, et que, surtout, les préoccupations temporelles n'ont jamais autant affecté ce qui devrait en être absolument indépendant ; sans doute est-il inévitable qu'il en soit ainsi, en raison des conditions mêmes qui sont celles de notre époque, et que nous avons décrites ailleurs. Aussi devons-nous, pour éviter toute fausse interprétation, déclarer nettement que ce que nous disons ici ne concerne que ce que nous appelions plus haut l'autorité spirituelle à l'état pur, et qu'il faudrait bien se garder d'en chercher des exemples autour de nous. On pourra même, si l'on veut, penser qu'il ne s'agit là que d'un type théorique et en quelque sorte « idéal », quoique, à vrai dire, cette façon d'envisager les choses ne soit pas entièrement la nôtre ; nous reconnaissons bien qu'en fait, dans les applications historiques, il faut toujours tenir compte des contingences dans une certaine mesure, mais nous ne prenons cependant la civilisation de l'Occident moderne que pour ce qu'elle est, c'est-à-dire pour une déviation et une anomalie, qui s'explique d'ailleurs par sa correspondance avec la dernière phase du *Kali-Yuga*.

Mais revenons aux rapports de la connaissance et de l'action ; nous avons eu déjà l'occasion de traiter cette question avec un certain développement[32], et, par conséquent, nous ne répéterons pas ici tout ce que nous avons dit alors ; mais il est cependant indispensable de rappeler tout au moins les points les plus essentiels. Nous avons considéré l'antithèse de l'Orient et de l'Occident, dans l'état présent des choses, comme pouvant en somme se ramener à ceci : l'Orient maintient la supériorité de la connaissance sur l'action, tandis que l'Occident moderne affirme au contraire la supériorité de l'action sur la connaissance, quand il ne va pas jusqu'à la négation complète de celle-ci ; nous disons l'Occident moderne seulement, car il en fut tout autrement dans l'antiquité et au moyen âge. Toutes les doctrines traditionnelles, qu'elles soient orientales ou occidentales, sont unanimes à affirmer la supériorité et même la transcendance de la connaissance par rapport à l'action,

---

[32] *La Crise du Monde moderne*, ch. III.

à l'égard de laquelle elle joue en quelque sorte le rôle du « moteur immobile » d'Aristote, ce qui, bien entendu, ne veut pas dire que l'action n'ait pas aussi sa place légitime et son importance dans son ordre, mais cet ordre n'est que celui des contingences humaines. Le changement serait impossible sans un principe dont il procède et qui, par là même qu'il est son principe, ne peut lui être soumis, donc est forcément « immobile », étant le centre de la « roue des choses »[33] ; de même, l'action, qui appartient au monde du change- ment, ne peut avoir son principe en elle-même ; toute la réalité dont elle est susceptible, elle la tire d'un principe qui est au-delà de son domaine, et qui ne peut se trouver que dans la connaissance. Celle- ci seule, en effet, permet de sortir du monde du changement ou du « devenir » et des limitations qui lui sont inhérentes, et, lorsqu'elle atteint l'immuable, ce qui est le cas de la connaissance principielle ou métaphysique qui est la connaissance par excellence[34], elle pos- sède elle-même l'immutabilité, car toute connaissance vraie est essentiellement identification avec son objet. L'autorité spirituelle, par là même qu'elle implique cette connaissance, possède aussi en elle-même l'immutabilité ; le pouvoir temporel, au contraire, est soumis à toutes les vicissitudes du contingent et du transitoire, à moins qu'un principe supérieur ne lui communique, dans la me- sure compatible avec sa nature et son caractère, la stabilité qu'il ne peut avoir par ses propres moyens. Ce principe ne peut être que celui qui est représenté par l'autorité spirituelle ; le pouvoir tempo- rel a donc besoin, pour subsister, d'une consécration qui lui vienne de celle-ci ; c'est cette consécration qui fait sa légitimité, c'est-à- dire sa conformité à l'ordre même des choses. Telle était la raison d'être de l'« initiation royale », que nous avons définie au chapitre précédent ; et c'est en cela que consiste proprement le « droit di- vin » des rois, ou ce que la tradition extrême-orientale appelle le « mandat du Ciel » : c'est l'exercice du pouvoir temporel en vertu

---

[33] Le centre immobile est l'image du principe immuable, le mouvement étant pris pour symboliser le changement en général, dont il n'est qu'une espèce particulière.

[34] Par contre, la connaissance « physique » n'est que la connaissance des lois du chan- gement, lois qui sont seulement le reflet des principes transcendants dans la nature ; celle-ci tout entière n'est pas autre chose que le domaine du changement ; d'ailleurs, le latin *natura* et le grec φύσις expriment l'un et l'autre l'idée de « devenir ».

d'une délégation de l'autorité spirituelle, à laquelle ce pouvoir appartient « éminemment », ainsi que nous l'expliquions alors [35]. Toute action qui ne procède pas de la connaissance manque de principe et n'est plus qu'une vaine agitation ; de même, tout pouvoir temporel qui méconnaît sa subordination vis-à-vis de l'autorité spirituelle est pareillement vain et illusoire ; séparé de son principe, il ne pourra s'exercer que d'une façon désordonnée et ira fatalement à sa perte.

Puisque nous venons de parler du « mandat du Ciel », il ne sera pas hors de propos de rapporter ici comment, d'après Confucius lui-même, ce mandat devait être accompli : « Les anciens princes, pour faire briller les vertus naturelles dans le cœur de tous les hommes, s'appliquaient auparavant à bien gouverner chacun sa principauté. Pour bien gouverner leurs principautés, ils mettaient auparavant le bon ordre dans leurs familles. Pour mettre le bon ordre dans leurs familles, ils travaillaient auparavant à se perfectionner eux-mêmes. Pour se perfectionner eux-mêmes, ils réglaient auparavant les mouvements de leurs cœurs. Pour régler les mouvements de leurs cœurs, ils rendaient auparavant leur volonté parfaite. Pour rendre leur volonté parfaite, ils développaient leurs connaissances le plus possible. On développe ses connaissances en scrutant la nature des choses. La nature des choses une foi scrutée, les connaissances atteignent leur plus haut degré. Les connaissances étant arrivées à leur plus haut degré, la volonté devient parfaite. La volonté étant parfaite, les mouvements du cœur sont réglés. Les mouvements du cœur étant réglés, tout l'homme est exempt de défauts. Après s'être corrigé soi-même, on établit l'ordre dans la famille. L'ordre régnant dans la famille, la principauté est bien gouvernée. La principauté étant bien gouvernée, bientôt tout l'empire jouit de la paix » [36]. On devra reconnaître qu'il y a là une conception du rôle du souverain qui diffère singulièrement de l'idée qu'on peut s'en faire dans l'Occident moderne, et qui le rend d'ailleurs autrement difficile à remplir, mais lui donne aussi une tout autre portée ;

---

[35] C'est pourquoi le mot *melek*, qui signifie « roi » en hébreu et en arabe, a en même temps, et même tout d'abord, le sens d'« envoyé ».

[36] *Ta-hio*, 1ʳᵉ partie, traduction du P. Couvreur.

et l'on remarquera particulièrement que la connaissance est expressément indiquée comme la condition première de l'établissement de l'ordre, même dans le domaine temporel.

Il est facile de comprendre maintenant que le renversement des rapports de la connaissance et de l'action, dans une civilisation, est une conséquence de l'usurpation de la suprématie par le pouvoir temporel ; celui-ci, en effet, doit alors prétendre qu'il n'y a aucun domaine qui soit supérieur au sien, lequel est précisément celui de l'action. Cependant, si les choses en restent là, elles ne vont pas encore jusqu'au point où nous les voyons actuellement, et où toute valeur est déniée à la connaissance ; pour qu'il en soit ainsi, il faut que les Kshatriyas eux-mêmes aient été dépossédés de leur pouvoir par les castes inférieures[37]. En effet, comme nous l'indiquions précédemment, les Kshatriyas, même révoltés, ont plutôt tendance à affirmer une doctrine tronquée, faussée par l'ignorance ou la négation de tout ce qui dépasse l'ordre « physique », mais dans laquelle subsistent encore certaines connaissances réelles, quoiqu'inférieures ; ils peuvent même avoir la prétention de faire passer cette doctrine incomplète et irrégulière pour l'expression de la véritable tradition. Il y a là une attitude qui, bien que condamnable au regard de la vérité, n'est pas dépourvue encore d'une certaine grandeur[38] ; d'ailleurs, des termes comme ceux de « noblesse », d'« héroïsme », d'« honneur », ne sont-ils pas, dans leur acception originelle, la désignation des qualités qui sont essentiellement inhérentes à la nature des Kshatriyas ? Par contre, quand les éléments correspondant aux fonctions sociales d'un ordre infé-

---

[37] En particulier, le fait d'accorder une importance prépondérante aux considérations d'ordre économique, qui est un caractère très frappant de notre époque, peut être regardé comme un signe de la domination des Vaishyas, dont l'équivalent approximatif est représenté dans le monde occidental par la bourgeoisie ; et c'est bien celle-ci qui domine en effet depuis la Révolution.

[38] Cette attitude des Kshatriyas révoltés pourrait être caractérisée assez exactement par la désignation de « luciférianisme », qui ne doit pas être confondu avec le « satanisme », bien qu'il y ait sans doute entre l'un et l'autre une certaine connexion : le « luciférianisme » est le refus de reconnaissance d'une autorité supérieure ; le « satanisme » est le renversement des rapports normaux de l'ordre hiérarchique ; et celui-ci est souvent une conséquence de celui-là, comme Lucifer est devenu Satan après sa chute.

rieur arrivent à dominer à leur tour, toute doctrine traditionnelle, même mutilée ou altérée, disparaît entièrement ; il ne subsiste plus même le moindre vestige de la « science sacrée », et c'est le règne du « savoir profane », c'est-à-dire de l'ignorance qui se prend pour science et se complaît dans son néant. Tout cela pourrait se résumer en ces quelques mots : la suprématie des Brâhmanes maintient l'orthodoxie doctrinale ; la révolte des Kshatriyas amène l'hétérodoxie ; mais, avec la domination des castes inférieures, c'est la nuit intellectuelle, et c'est là qu'en est aujourd'hui l'Occident, qui menace d'ailleurs de répandre ses propres ténèbres sur le monde entier.

On nous reprochera peut-être de parler comme s'il y avait des castes partout, et détendre indûment à toute organisation sociale des dénominations qui ne conviennent proprement qu'à celle de l'Inde ; et pourtant, puisque ces dénominations désignent en somme des fonctions qui se retrouvent nécessairement dans toute société, nous ne pensons pas que cette extension soit abusive. Il est vrai que la caste n'est pas seulement une fonction, qu'elle est aussi, et avant tout, ce qui, dans la nature des individus humains, les rend aptes à remplir cette fonction de préférence à toute autre ; mais ces différences de nature et d'aptitudes existent aussi partout où il y a des hommes. La différence entre une société où il y a des castes, au vrai sens du mot, et celle où il n'y en a pas, c'est que, dans la première, il y a une correspondance normale entre la nature des individus et les fonctions qu'ils exercent, sous la seule réserve des erreurs d'application qui ne sont en tout cas que des exceptions, tandis que, dans la seconde, cette correspondance n'existe pas, ou, du moins, ne se rencontre qu'accidentellement ; et ce dernier cas est celui qui se produit quand l'organisation sociale manque de base traditionnelle[39]. Dans les cas normaux, il y a toujours quelque chose de comparable à l'institution des castes, avec les modifications requises par les conditions propres à tel ou tel

---

[39] Il est à peine besoin de faire remarquer que les « classes » sociales, telles qu'on les entend aujourd'hui en Occident, n'ont rien de commun avec les véritables castes et n'en sont tout au plus qu'une sorte de contrefaçon sans valeur ni portée, n'étant nullement fondées sur la différence des possibilités impliquées dans la nature des individus.

peuple ; mais l'organisation que nous trouvons dans l'Inde est celle qui représente le type le plus complet, en tant qu'application de la doctrine métaphysique à l'ordre humain, et cette seule raison suffirait en somme à justifier le langage que nous avons adopté, de préférence à tout autre que nous aurions pu emprunter à des institutions ayant, par leur forme plus spécialisée, un champ d'application beaucoup plus limité, et, par conséquent, ne pouvant fournir les mêmes possibilités pour l'expression de certaines vérités d'ordre tout à fait général[40]. Il y a d'ailleurs encore une autre raison, qui, pour être plus contingente, n'est pas négligeable, et qui est celle-ci : il est très remarquable que l'organisation sociale du moyen âge occidental ait été calquée exactement sur la division des castes, le clergé correspondant aux Brâhmanes, la noblesse aux Kshatriyas, le tiers-état aux Vaishyas, et les serfs aux Shûdras ; ce n'étaient pas des castes dans toute l'acception du mot, mais cette coïncidence, qui n'a assurément rien de fortuit, n'en permet pas moins d'effectuer très facilement une transposition de termes pour passer de l'un à l'autre de ces deux cas ; et cette remarque trouvera son application dans les exemples historiques que nous aurons à envisager par la suite.

---

[40] La raison pour laquelle il en est ainsi, c'est que la doctrine hindoue est, parmi les doctrines traditionnelles ayant subsisté jusqu'à nos jours, celle qui paraît dériver le plus directement de la tradition primordiale ; mais c'est un point sur lequel nous n'avons pas à insister ici.

CHAPITRE IV

Nature respective des Brâmanes et des Kshatriyas

Sagesse et force, tels sont les attributs respectifs des Brâhmanes et des Kshatriyas, ou, si l'on préfère, de l'autorité spirituelle et du pouvoir temporel ; et il est intéressant de noter que, chez les anciens Égyptiens, le symbole du Sphinx, dans une de ses significations, réunissait précisément ces deux attributs envisagés suivant leurs rapports normaux. En effet, la tête humaine peut être considérée comme figurant la sagesse, et le corps de lion la force ; la tête est l'autorité spirituelle qui dirige, et le corps est le pouvoir temporel qui agit. Il est d'ailleurs à remarquer que le Sphinx est toujours figuré au repos, le pouvoir temporel étant pris ici à l'état « non agissant » dans son principe spirituel où il est contenu « éminemment », donc seulement en tant que possibilité d'action, ou, mieux encore, dans le principe divin qui unifie le spirituel et le temporel, étant au-delà de leur distinction, et étant la source commune dont ils procèdent tous deux, mais le premier directement, et le second indirectement et par l'intermédiaire du premier. Nous trouvons ailleurs un symbole verbal qui, par sa constitution hiéroglyphique, est un exact équivalent de celui-là : c'est le nom des Druides, qui se lit *dru-vid*, où la première racine signifie la force, et la seconde la sagesse[41] ; et la réunion des deux attributs dans ce nom, comme celle des deux éléments du Sphinx dans un seul et même être, outre qu'elle marque que la royauté est implicitement contenue dans le sacerdoce, est sans doute un souvenir de l'époque lointaine où les deux pouvoirs étaient en-

---

[41] Ce nom a d'ailleurs un double sens, qui se réfère encore à un autre symbolisme : *dru* ou *deru*, comme le latin *robur*, désigne à la fois la force et le chêne (en grec δρυς) ; d'autre part, *vid* est, comme en sanscrit, la sagesse ou la connaissance, assimilée à la vision, mais c'est aussi le gui ; ainsi, *dru-vid* est le gui du chêne, qui était en effet un des principaux symboles du Druidisme, et il est en même temps l'homme en qui réside la sagesse appuyés sur la force. De plus, la racine *dru*, comme on le voit par les formes sanscrites équivalentes *dhru* et *dhri*, comporte encore l'idée de stabilité, qui est d'ailleurs un des sens du symbole de l'arbre en général et du chêne en particulier ; et ce sens de stabilité correspond ici très exactement à l'attitude du Sphinx au repos.

core unis, à l'état d'indistinction primordiale, dans leur principe commun et suprême[42].

À ce principe suprême des deux pouvoirs, nous avons déjà consacré une étude spéciale[43] ; nous avons indiqué alors comment, de visible qu'il était tout d'abord, il était devenu invisible et caché, se retirant du « monde extérieur » à mesure que celui-ci s'éloignait de son état primordial, ce qui devait nécessairement amener la division apparente des deux pouvoirs. Nous avons montré aussi comment ce principe se retrouve, désigné sous des noms et des symboles divers, dans toutes les traditions, et nomment il apparaît notamment dans la tradition judéo-chrétienne sous les figures de Melchissédec et des Rois-Mages. Nous rappellerons seulement que, dans le Christianisme, la reconnaissance de ce principe unique subsiste toujours, au moins théoriquement, et s'affirme par la considération des deux fonctions sacerdotale et royale comme inséparables l'une de l'autre dans la personne même du Christ. À un certain point de vue, d'ailleurs, ces deux fonctions, rapportées ainsi à leur principe, peuvent être envisagées comme étant en quelque sorte complémentaires, et alors, bien que la seconde, à vrai dire, ait son principe immédiat dans la première, il y a pourtant entre elles, dans leur distinction même, une sorte de corrélation. En d'autres termes, dès lors que le sacerdoce ne comporte pas, d'une façon habituelle, l'exercice effectif de la royauté, il faut que les représentants respectifs du sacerdoce et de la royauté tirent leur pouvoir d'une source commune, qui est « au-delà des castes » ; la différence hiérarchique qui existe entre eux consiste en ce que le sacerdoce reçoit son pouvoir directement de cette source, avec laquelle il est en contact immédiat par sa nature même, tandis que la royauté, en raison du caractère plus extérieur et proprement terrestre de sa fonction, ne peut en recevoir le sien que par l'intermédiaire du sacerdoce. Celui-ci, en effet, joue véritablement le rôle de « médiateur » entre

---

[42] En Égypte, l'incorporation du roi au sacerdoce, que nous avons signalée plus haut d'après Plutarque, était d'ailleurs comme un vestige de cet ancien état de choses.
[43] *Le Roi du Monde.*

le Ciel et la Terre ; et ce n'est pas sans motif que la plénitude du sacerdoce a reçu, dans les traditions occidentales, le nom symbolique de « pontificat », car, ainsi que le dit saint Bernard, « le Pontife, comme l'indique l'étymologie de son nom, est une sorte de pont entre Dieu et l'homme »[44]. Si donc on veut remonter à l'origine première des deux pouvoir sacerdotal et royal, c'est dans le « monde céleste » qu'il faut la chercher ; ceci peut d'ailleurs s'entendre réellement et symboliquement à la fois[45] ; mais cette question est de celles dont le développement sortirait du cadre de la présente étude, et, si nous en avons donné ce bref aperçu, c'est que nous ne pourrons nous dispenser, dans la suite, de faire parfois allusion à cette source commune des deux pouvoirs.

Pour revenir à ce qui a été le point de départ de cette digression, il est évident que les attributs de sagesse et de force se rapportent respectivement à la connaissance et à 1'action ; d'autre part, dans l'Inde, il est dit encore, en connexion avec le même point de vue, que le Brâh-mane est le type des êtres stables, et que le Kshatriya est le type des êtres changeants[46] ; en d'autres termes, dans l'ordre social, qui est d'ailleurs en parfaite correspondance avec l'ordre cosmique, le premier représente l'élément immuable, et le second l'élément mobile. Ici encore, l'immutabilité est celle de la connais-

---

[44] *Tractatus de Moribus et Officio episcoporum*, III, 9. — À ce propos, et en relation avec ce que nous avons déjà indiqué au sujet du Sphinx, il est à remarquer que celui-ci représente *Harmakhis* ou *Hor-makhouti*, le « Seigneur des deux horizons », c'est-à-dire le principe qui unit les deux mondes sensible et suprasensible, terrestre et céleste ; et c'est une des raisons pour lesquelles, aux premiers temps du Christianisme, il fut, en Égypte, regardé comme un symbole du Christ. Une autre raison de ce fait, c'est que le Sphinx est, comme le griffon dont parle Dante, « l'animal à deux natures », représentant à ce titre l'union des natures divine et humaine dans le Christ ; et on peut encore en trouver une troisième dans l'aspect sous lequel il figure, comme nous l'avons dit, l'union des deux pouvoirs spirituel et temporel, sacerdotal et royal, dans leur principe suprême.

[45] Il s'agit ici de la conception traditionnelle des « trois mondes » que nous avons expliquée ailleurs à diverses reprises : à ce point de vue, la royauté correspond au « monde terrestre », le sacerdoce au « monde intermédiaire », et leur principe commun au « monde céleste » ; mais il convient d'ajouter que, depuis que ce principe est devenu invisible aux hommes, le sacerdoce représente aussi extérieurement le « monde céleste ».

[46] L'ensemble de tous les êtres, divisés ainsi en stables et changeants, est désigné en sanscrit par le terme composé *sthâvara-jangama* ; ainsi, tous, suivant leur nature, sont principalement en relation, soit avec le Brâhmane, soit avec le Kshatriya.

sance, qui est d'ailleurs figurée sensiblement par la posture immobile de l'homme en méditation ; la mobilité, de son côté, est celle qui est inhérente à l'action, en raison du caractère transitoire et momentané de celle-ci. Enfin, la nature propre du Brâhmane et celle du Kshatriya se distinguent fondamentalement par la prédominance d'un *guna* différent ; comme nous l'avons expliqué ailleurs[47], la doctrine hindoue envisage trois *gunas*, qualités constitutives des êtres dans tous leurs états de manifestation : *sattwa*, la conformité à la pure essence de l'Être universel, qui est identifiée à la lumière intelligible ou à la connaissance, et représentée comme une tendance ascendante ; *rajas*, l'impulsion expansive, selon laquelle l'être se développe dans un certain état et, en quelque sorte, à un niveau déterminé de l'existence ; enfin, *tamas*, l'obscurité, assimilée à l'ignorance, et représentée comme une tendance descendante. Les *gunas* sont en parfait équilibre dans l'indifférenciation primordiale, et toute manifestation représente une rupture de cet équilibre ; ces trois éléments sont dans tous les êtres, mais en des proportions diverses, qui déterminent les tendances respectives de ces êtres. Dans la nature du Brâhmane, c'est *sattwa* qui prédomine, l'orientant vers les états supra-humains ; dans celle du Kshatriya, c'est *rajas*, qui tend à la réalisation des possibilités comprises dans l'état humain[48]. À la prédominance de *sattwa* correspond celle de l'intellectualité ; à la prédominance de *rajas*, celle de ce que nous pouvons, faute d'un meilleur terme, appeler la sentimentalité ; et c'est là encore une justification de ce que nous disions plus haut, que le Kshatriya n'est pas fait pour la pure connaissance : la voie qui lui convient est la voie qu'on pourrait appeler « dévotionnelle », s'il est permis de se servir d'un tel mot pour rendre, assez imparfaitement d'ailleurs, le terme sanscrit de

---

[47] *L'Homme et son devenir selon le Vêdânta,* ch. IV.

[48] Aux trois *gunas* correspondent des couleurs symboliques : le blanc à *sattwa,* le rouge à *rajas,* le noir à *tamas* ; en vertu du rapport que nous indiquons ici, les deux premières de ces couleurs symbolisent aussi respectivement l'autorité spirituelle et le pouvoir temporel. — Il est intéressant de noter, à ce propos, que l'« oriflamme » des rois de France était rouge ; la substitution ultérieure du blanc au rouge comme couleur royale marque, en quelque sorte, l'usurpation d'un des attributs de l'autorité spirituelle.

bhakti, c'est-à-dire la voie qui prend pour point de départ un élément d'ordre émotif ; et, bien que cette voie se rencontre en dehors des formes proprement religieuses, le rôle de l'élément émotif n'est nulle part aussi développé que dans celles-ci, où il affecte d'une teinte spéciale l'expression de la doctrine tout entière.

Cette dernière remarque permet de se rendre compte de la véritable raison d'être de ces formes religieuses : elles conviennent particulièrement aux races dont les aptitudes sont, d'une façon générale, dirigées surtout du côté de l'action, c'est-à-dire à celles qui, envisagées collectivement, ont en elles une prépondérance de l'élément « rajasique » qui caractérise la nature des Kshatriyas. Ce cas est celui du monde occidental, et c'est pourquoi, comme nous l'avons déjà signalé ailleurs[49], on dit dans l'Inde que, si l'Occident revenait à un état normal et possédait une organisation sociale régulière, on y trouverait beaucoup de Kshatriyas, mais peu de Brâhmanes ; c'est aussi pourquoi la religion, entendue dans son sens le plus strict, est une chose proprement occidentale. C'est encore ce qui explique qu'il ne semble pas y avoir, en Occident, d'autorité spirituelle pure, ou que tout au moins il n'y en a pas qui s'affirme extérieurement comme telle, avec les caractères que nous avons précisés dans ce qui précède. L'adaptation religieuse, comme la constitution de toute autre forme traditionnelle, est cependant le fait d'une véritable autorité spirituelle, au sens le plus complet de ce mot ; et cette autorité, qui apparaît alors au-dehors comme religieuse, peut aussi, en même temps, demeurer autre chose en elle-même, tant qu'il y a dans son sein de vrais Brâhmanes, et nous entendons par là une élite intellectuelle qui garde la conscience de ce qui est au-delà de toutes les formes particulières, c'est-à-dire de l'essence profonde de la tradition. Pour une telle élite, la forme ne peut jouer qu'un rôle de « support », et, d'autre part, elle fournit un moyen de faire participer à la tradition ceux qui n'ont pas accès à la pure intellectualité ; mais ces derniers, naturellement, ne voient rien au-delà de la forme, leurs propres possibilités individuelles ne leur permettant pas d'aller plus loin, et,

---

[49] *La Crise du Monde moderne*, p. 45 (2e édition).

par conséquent, l'autorité spirituelle n'a pas à se montrer à eux sous un autre aspect que celui qui correspond à leur nature[50], bien que son enseignement, même extérieur, soit toujours inspiré de l'esprit de la doctrine supérieure[51]. Seulement, il peut se faire aussi que, l'adaptation une fois réalisée, ceux qui sont les dépositaires de cette forme traditionnelle s'y trouvent enfermés eux-mêmes par la suite, ayant perdu la conscience effective de ce qui est au-delà ; cela peut d'ailleurs être dû à des circonstances diverses, et surtout au « mélange des castes », en raison duquel il peut arriver à se trouver parmi eux des hommes qui, en réalité, sont pour la plupart des Kshatriyas ; il est facile de comprendre, par ce que nous venons de dire, que ce cas soit possible principalement en Occident, d'autant plus que la forme religieuse peut s'y prêter tout particulièrement. En effet, la combinaison d'éléments intellectuels et sentimentaux qui caractérise cette forme crée une sorte de domaine mixte, où la connaissance est envisagée beaucoup moins en elle-même que dans son application à l'action ; si la distinction entre l'« initiation sacerdotale » et l'« initiation royale » n'est pas maintenue d'une fa-çon très nette et très rigoureuse, on a alors un terrain intermédiaire où peuvent se produire toutes sortes de confusions, sans parler de certains conflits qui ne seraient même pas concevables si le pou-voir temporel avait en face de lui une autorité spirituelle pure[52].

---

[50] On dit symboliquement que les dieux, lorsqu'ils apparaissent aux hommes, revêtent toujours des formes qui sont en rapport avec la nature même de ceux à qui ils se ma-nifestent.

[51] Il s'agit encore ici de la distinction, que nous avons déjà indiquée plus haut, de « ceux qui savent » et de « ceux qui croient ».

[52] La connaissance « suprême » étant oubliée, il ne subsiste plus alors qu'une connaissance « non-suprême », non plus du fait d'une révolte des Kshatriyas comme dans le cas que nous avons envisagé précédemment, mais par une sorte de dégénérescence intellectuelle de l'élément qui correspond aux Brâhmanes par sa fonction, sinon par sa nature ; dans ce dernier cas, la tradition n'est pas altérée comme dans l'autre, mais seulement diminuée dans sa partie supérieure ; le dernier degré de cette dégénérescence est celui où il n'y a plus aucune connaissance effective, où la virtualité seule de cette connaissance subtile grâce à la conservation de la « lettre », et où il n'y a plus que simple croyance chez tous indistinctement. Il faut ajouter que les deux cas que nous séparons ici théoriquement peuvent aussi se combiner en fait, ou tout au moins se produire concurremment dans un même milieu et, pour ainsi dire, se conditionner réciproquement ; mais peu importe, car, sur ce point, nous n'entendons faire aucune application à des faits déterminés.

Nous n'avons pas à rechercher ici quelle est, des deux possibilités que nous venons d'indiquer, celle à laquelle correspond actuellement l'état religieux du monde occidental, et la raison en est facile à comprendre : une autorité religieuse ne peut pas avoir l'apparence de ce que nous appelons une autorité spirituelle pure, même si elle en a intérieurement la réalité ; cette réalité, il y a eu certainement un temps où elle l'a possédée, mais la possède-t-elle encore effectivement[53] ? Ce serait d'autant plus difficile à dire que, quand l'intellectualité véritable est perdue aussi complètement qu'elle l'est à l'époque moderne, il est naturel que la partie supérieure et « intérieure » de la tradition devienne de plus en plus cachée et inaccessible, puisque ceux qui sont capables de la comprendre ne sont plus qu'une intime minorité ; nous voulons, jusqu'à preuve du contraire, admettre qu'il puisse en être ainsi et que la conscience de la tradition intégrale, avec tout ce qu'elle implique, subsiste encore effectivement chez quelques-uns, si peu nombreux soient-ils. D'ailleurs, même si cette conscience avait entièrement disparu, il n'en resterait pas moins que toute forme traditionnelle régulièrement constituée, par la seule conservation de la « lettre » à l'abri de toute altération, maintient toujours la possibilité de sa restauration, qui se produira s'il se rencontre quelque jour, parmi les représentants de cette forme traditionnelle, des hommes possédant les aptitudes intellectuelles requises. En tout cas, si même, par des moyens quelconques, nous avions à cet égard des données plus précises, nous n'aurions pas à les exposer publiquement, à moins d'y être amené par des circonstances exceptionnelles, et voici pourquoi : une autorité qui n'est que religieuse est pourtant encore, dans le cas le plus défavorable, une autorité spirituelle relative ; nous voulons dire que, sans être une autorité spirituelle pleinement effective, elle en porte en elle la virtualité, qu'elle tient de son origine, et, par là

---

[53] Cette question correspond, sous une autre forme, à celle que nous posions plus haut au sujet de l'« Église enseignante » et de l'« Église enseignée ».

même, elle peut toujours en remplir la fonction à l'extérieur[54] ; elle en joue donc légitimement le rôle vis-à-vis du pouvoir temporel, et elle doit être véritablement considérée comme telle dans ses rapports avec celui-ci. Ceux qui auront compris notre point de vue pourront sans difficulté se rendre compte que, en cas de conflit entre une autorité spirituelle quelle qu'elle soit, même relative, et un pouvoir purement temporel, nous devons toujours nous placer en principe du côté de l'autorité spirituelle ; nous disons en principe, car il doit être bien entendu que nous n'avons pas la moindre intention d'intervenir activement dans de tels conflits, ni surtout de prendre une part quelconque aux querelles du monde occidental, ce qui, d'ailleurs, ne serait nullement dans notre rôle.

Nous ne ferons donc pas, dans les exemples que nous aurons à envisager par la suite, de distinction entre ceux où il s'agit d'une autorité spirituelle pure et ceux où il peut ne s'agir que d'une autorité spirituelle relative ; nous considérerons comme autorité spirituelle, dans tous les cas, celle qui en remplit socialement la fonction ; et d'ailleurs, les similitudes frappantes que présentent tous ces cas, si éloignés qu'ils puissent être les uns des autres dans l'histoire, justifieront suffisamment cette assimilation. Nous n'aurions de distinction à faire que si la question de la possession effective de la pure intellectualité venait à se poser, et, en fait, elle ne se pose pas ici ; de même, pour ce qui est d'une autorité attachée exclusivement à une certaine forme traditionnelle, nous n'aurions à nous préoccuper de délimiter exactement ses frontières, si l'on peut s'exprimer ainsi, que pour les cas où elle prétendrait les dépasser, et ces cas ne sont point de ceux que nous

---

[54] Il faut bien remarquer que ceux qui remplissent ainsi la fonction extérieure des Brâhmanes, sans en avoir réellement les qualifications, ne sont point pour cela des usurpateurs, comme le seraient des Kshatriyas révoltés qui auraient pris la place des Brâhmanes pour instaurer une tradition déviée ; il ne s'agit là, en effet, que d'une situation due aux conditions défavorables d'un certain milieu, et qui assure d'ailleurs le maintien de la doctrine dans toute la mesure compatible avec ces conditions. On pourrait toujours, même dans l'hypothèse la plus fâcheuse, appliquer ici cette parole de l'Évangile : « Les scribes et les pharisiens sont assis dans la chaire de Moïse ; observez donc et faites tout ce qu'ils vous disent » (*St Matthieu*, XXIII, 2-3).

avons à examiner présentement. Sur ce dernier point, nous rappellerons ce que nous disions plus haut : le supérieur contient « éminemment » l'inférieur ; celui qui est compétent dans certaines limites, définissant son domaine propre, l'est donc aussi *a fortiori* pour tout ce qui est en deçà de ces mêmes limites, tandis que, par contre, il ne l'est plus pour ce qui est au-delà ; si cette règle très simple, au moins pour qui a une juste notion de la hiérarchie, était observée et appliquée comme il convient, aucune confusion de domaines et aucune erreur de « juridiction », pour ainsi parler, ne se produirait jamais. Certains ne verront sans doute, dans les distinctions et les réserves que nous venons de formuler, que des précautions d'une utilité assez contestable, et d'autres seront tentés de ne leur attribuer tout au plus qu'une valeur purement théorique ; mais nous pensons qu'il en est d'autres encore qui comprendront que, en réalité, elles sont tout autre chose que cela, et nous inviterons ces derniers à y réfléchir avec une attention toute particulière.

CHAPITRE V

Dépendance de la royauté à l'égard du sacerdoce

Revenons maintenant aux rapports des Brâhmanes et des Kshatriyas dans l'organisation sociale de l'Inde : aux Kshatriyas appartient normalement toute la puissance extérieure, puisque le domaine de l'action, qui est celui qui les concerne directement, c'est le monde extérieur et sensible ; mais cette puissance n'est rien sans un principe intérieur, purement spirituel, qu'incarne l'autorité des Brâhmanes, et dans lequel elle trouve sa seule garantie réelle. On voit ici que le rapport des deux pouvoirs pourrait encore être représenté comme celui de l'« intérieur » et de l'« extérieur », rapport qui, en effet, symbolise bien celui de la connaissance et de l'action, ou, si l'on veut, du « moteur » et du « mobile », pour reprendre l'idée que nous avons exposée plus haut, en nous référant du reste à la théorie aristotélicienne aussi bien qu'à la doctrine hindoue[55]. C'est de l'harmonie entre cet « intérieur » et cet « extérieur », harmonie qui d'ailleurs ne doit nullement être conçue comme une sorte de « parallélisme », car ce serait là méconnaître les différences essentielles des deux domaines, c'est de cette harmonie, disons-nous, que résulte la vie normale de ce qu'on peut appeler l'entité sociale, sans vouloir suggérer par l'emploi d'une telle expression une assimilation quelconque de la collectivité à un être vivant, d'autant plus que, de nos jours, certains ont étrangement abusé de cette assimilation, prenant à tort pour une identité véritable ce qui n'est qu'analogie et correspondance[56].

---

[55] On pourrait aussi appliquer ici, comme nous le faisions alors, l'image du centre et de la circonférence de la « roue des choses ».

[56] L'être vivant a en lui-même son principe d'unité, supérieur à la multiplicité des éléments qui entrent dans sa constitution ; il n'y a rien de tel dans la collectivité, qui n'est proprement pas autre chose que la somme des individus qui la composent ; par unité, un mot comme celui d'« organisation », quand il est appliqué à l'un et à l'autre, ne peut en toute rigueur être pris dans le même sens. On peut cependant dire que la présence d'une autorité spirituelle introduit dans la société un principe supérieur aux individus, puisque cette autorité, par sa nature et son origine, est elle-même « supra-individuelle » ; mais ceci suppose que la société n'est pas envisagée seulement sous son aspect temporel, et cette considération, la seule qui puisse en faire quelque chose de plus qu'une simple collectivité au sens que nous venons de dire, est précisément de celles qui échappent le plus complètement aux sociologues contemporains qui prétendent identifier la société à un être vivant.

En échange de la garantie que donne à leur puissance l'autorité spirituelle, les Kshatriyas doivent, à l'aide de la force dont ils disposent, assurer aux Brâhmanes le moyen d'accomplir en paix, à l'abri du trouble et de l'agitation, leur propre fonction de connaissance et d'enseignement ; c'est ce que le symbolisme hindou représente sous la figure de Skanda, le Seigneur de la guerre, protégeant la méditation de Ganêsha, le Seigneur de la connaissance[57]. Il y a lieu de noter que la même chose était enseignée, même extérieurement, au moyen âge occidental ; en effet, saint Thomas d'Aquin déclare expressément que toutes les fonctions humaines sont subordonnées à la contemplation comme à une fin supérieure, « de sorte que, à les considérer comme il faut, toutes semblent au service de ceux qui contemplent la vérité », et que le gouvernement tout entier de la vie civile a, au fond, pour véritable raison d'être d'assurer la paix nécessaire à cette contemplation. On voit combien cela est loin du point de vue moderne, et on voit aussi par-là que la prédominance de la tendance à l'action, telle qu'elle existe incontestablement chez les peuples occidentaux, n'entraîne pas nécessairement la dépréciation de la contemplation, c'est-à-dire de la connaissance, du moins tant que ces peuples possèdent une civilisation ayant un caractère traditionnel, quelle que soit d'ailleurs la forme qu'y revêt la tradition, et qui était ici une forme religieuse, d'où la nuance théologique qui, dans la conception de saint Thomas, s'attache toujours à la contemplation, tandis que, en Orient, celle-ci est envisagée dans l'ordre de la métaphysique pure.

D'autre part, dans la doctrine hindoue et dans l'organisation sociale qui en est l'application, donc chez un peuple ou les aptitudes contemplatives, entendues cette fois dans un sens de pure intellectualité, sont manifestement prépondérantes et sont même généralement développées à un degré qui ne se retrouve peut-être nulle part ailleurs, la place qui est faite aux Kshatriyas, et par conséquent à l'action, tout en étant subordonnée comme elle doit l'être

---

[57] Ganêsha et Skanda sont d'ailleurs représentés comme frères, étant l'un et l'autre fils de Shiva ; c'est là encore une façon d'exprimer que les deux pouvoirs spirituel et temporel procèdent d'un principe unique.

normalement, est néanmoins fort loin d'être négligeable, puisqu'elle comprend tout ce qu'on peut appeler le pouvoir apparent. D'ailleurs, comme nous l'avons déjà signalé en une autre occasion[58], ceux qui, sous l'influence des interprétations erronées qui ont cours en Occident, douteraient de cette importance très réelle, quoique relative, accordée à l'action par la doctrine hindoue, aussi bien que par toutes les autres doctrines traditionnelles, n'auraient, pour s'en convaincre, qu'à se reporter à la *Bhagavad-Gîtâ*, qui, il ne faut pas l'oublier si 1'on veut en bien comprendre le sens, est un de ces livres qui sont spécialement destinés à l'usage des Kshatriyas et auxquels nous faisions allusion plus haut[59]. Les Brâhmanes n'ont à exercer qu'une autorité en quelque sorte invisible, qui, comme telle, peut être ignorée du vulgaire, mais qui n'en est pas moins le principe immédiat de tout pouvoir visible ; cette autorité est comme le pivot autour duquel tournent toutes les choses contingentes, l'axe fixe autour duquel le monde accomplit sa révolution, le pôle ou le centre immuable qui dirige et règle le mouvement cosmique sans y participer[60].

La dépendance du pouvoir temporel à l'égard de l'autorité spirituelle a son signe visible dans le sacre des rois : ceux-ci ne sont réellement « légitimés » que lorsqu'ils ont reçu du sacerdoce l'investiture et la consécration, impliquant la transmission d'une « influence spirituelle » nécessaire à l'exercice régulier de leurs fonctions.[61] Cette influence se manifestait parfois au-dehors par

---

[58] *La Crise du Monde moderne*, p. 47 (2e édition).

[59] La *Bhagavad-Gîtâ* n'est à proprement parler qu'un épisode du *Mahâbhârata*, qui est un des deux *Itihâsas*, l'autre étant le *Râmâyana*. Ce caractère de la *Bhagavad-Gîtâ* explique l'usage qui y est fait d'un symbolisme guerrier, comparable, à certains égards, à celui de la « guerre sainte » chez les Musulmans ; il y a d'ailleurs une façon « intérieure » de lire ce livre en lui donnant son sens profond, et il prend alors le nom d'*Atmâ-Gîtâ*.

[60] L'axe et le pôle sont avant tout des symboles du principe unique des deux pouvoirs, comme nous l'avons expliqué dans notre étude sur *Le Roi du Monde* ; mais ces symboles peuvent aussi être appliqués à l'autorité spirituelle relativement au pouvoir temporel, comme nous le faisons ici, parce que cette autorité, en raison de son attribut essentiel de connaissance, a effectivement part à l'immutabilité du principe suprême, qui est ce que ces symboles expriment fondamentalement, et aussi parce que, comme nous le disions plus haut, elle représente directement ce principe par rapport au monde extérieur.

[61] Nous traduisons par « influence spirituelle » le mot hébreu et arabe *barakah* ; le rite de l'« imposition des mains » est un des modes les plus habituels de transmission de la *barakah*, et aussi de production de certains effets, de guérison notamment, au moyen de celle-ci.

des effets nettement sensibles, et nous en citerons comme exemple le pouvoir de guérison des rois de France, qui était en effet attaché directement au sacre ; elle n'était pas transmise au roi par son prédécesseur, mais il la recevait seulement par le fait du sacre. Cela montre bien que cette influence n'appartient pas en propre au roi, mais qu'elle lui est conférée par une sorte de délégation de l'autorité spirituelle, délégation en laquelle, comme nous l'indiquions déjà plus haut, consiste proprement le « droit divin » ; le roi n'en est donc que le dépositaire, et, par suite, il peut la perdre dans certains cas ; c'est pourquoi, dans la « Chrétienté » du moyen âge, le Pape pouvait délier les sujets de leur serment de fidélité envers leur souverain[62]. D'ailleurs, dans la tradition catholique, saint Pierre est représenté tenant entre ses mains, non seulement la clef d'or du pouvoir sacerdotal, mais aussi la clef d'argent du pouvoir royal ; ces deux clefs étaient, chez les anciens Romains, un des attributs de Janus, et elles étaient alors les clefs des « grands mystères » et des « petits mystères », qui, comme nous l'avons expliqué, correspondent aussi respectivement à l'« initiation sacerdotale » et à l'« initiation royale »[63]. Il faut remarquer, à cet égard, que Janus représente la source commune des deux pouvoirs, tandis que saint Pierre est proprement l'incarnation du pouvoir sacerdotal, auquel les deux clefs sont ainsi transférées

---

[62] La tradition musulmane enseigne aussi que la *barakah* peut se perdre ; d'autre part, dans la tradition extrême-orientale également, le « mandat du Ciel » est révocable lorsque le souverain ne remplit pas régulièrement ses fonctions, en harmonie avec l'ordre cosmique lui-même.

[63] Ce sont encore, suivant un autre symbolisme, les clefs des portes du « Paradis céleste » et du « Paradis terrestre », comme on le verra par le texte de Dante que nous citerons plus loin ; mais il ne serait peut-être pas opportun, pour le moment du moins, de donner certaines précisions en quelque sorte « techniques » sur le « pouvoir des clefs », ni d'expliquer diverses autres choses qui s'y rapportent plus ou moins directement. Si nous y faisons ici cette allusion, c'est uniquement pour que ceux qui auraient quelque connaissance de ces choses voient bien qu'il s'agit là, de notre part, d'une réserve toute volontaire, à laquelle nous ne sommes d'ailleurs tenu par aucun engagement vis-à-vis de qui que ce soit.

parce que c'est par son intermédiaire qu'est transmis le pouvoir royal, tandis que lui-même est reçu directement de la source[64].

Ce qui vient d'être dit définit les rapports normaux de l'autorité spirituelle et du pouvoir temporel ; et, si ses rapports étaient partout et toujours observés, aucun conflit ne pourrait jamais s'élever entre l'une et l'autre, chacun occupant ainsi la place qui doit lui revenir en vertu de la hiérarchie des fonctions et des êtres, hiérarchie qui, nous y insistons encore, est strictement conforme à la nature même des choses. Malheureusement, en fait, il est loin d'en être toujours ainsi, et ces relations normales ont été trop souvent méconnues et même renversées ; à cet égard, il importe de noter tout d'abord que c'est déjà une grave erreur que de considérer simplement le spirituel et le temporel comme deux termes corrélatifs ou complémentaires, sans se rendre compte que celui-ci a son principe dans celui-là. Cette erreur peut être commise d'autant plus facilement que, comme nous l'avons déjà indiqué, cette considération du complémentarisme a aussi sa raison d'être à un certain point de vue, du moins dans l'état de division des deux pouvoirs, ou l'un n'a pas dans l'autre son principe suprême et ultime, mais seulement son principe immédiat et encore relatif. Ainsi que nous l'avons fait remarquer ailleurs en ce qui concerne la connaissance et l'action[65], ce complémentarisme n'est pas faux, mais seulement insuffisant, parce qu'il ne correspond qu'à un point de vue qui est encore extérieur, comme l'est d'ailleurs la division même des deux pouvoirs, nécessitée par un état du monde dans lequel le pouvoir unique et suprême n'est plus à la portée de l'humanité ordinaire. On pourrait même dire que, lorsqu'ils se différencient, les deux pouvoirs se présentent d'abord forcément dans leur rapport normal de subordination, et que leur

---

[64] Il y a cependant, en ce qui concerne la transmission du pouvoir royal, quelques cas exceptionnels où, pour des raisons spéciales, il est conféré directement par des représentants du pouvoir suprême, source des deux autres : c'est ainsi que les rois Saül et David furent consacrés, non par le Grand-Prêtre, mais par le prophète Samuel. On pourra rapprocher ceci de ce que nous avons dit ailleurs (*Le Roi du Monde*, ch. IV) sur le triple caractère du Christ comme prophète, prêtre et roi, en rapport avec les fonctions respectives des trois Rois-Mages, correspondant elles-mêmes à la division des « trois mondes » que nous rappelions dans une précédente note : la fonction « prophétique », parce qu'elle implique l'inspiration directe, correspond proprement au monde céleste.

[65] *La Crise du Monde moderne*, p. 44 (2ᵉ édition).

conception comme corrélatifs ne peut apparaître que dans une phase ultérieure de la marche descendante du cycle historique ; à cette nouvelle phase se réfèrent plus particulièrement certaines expressions symboliques qui mettent surtout en évidence l'aspect du complémentarisme, bien qu'une interprétation correcte puisse y faire reconnaître encore une indication du rapport de subordination. Tel est notamment l'apologue bien connu, mais peu compris en Occident, de l'aveugle et du paralytique, qui représente en effet, dans une de ses principales significations, les rapports de la vie active et de la vie contemplative : l'action livrée à elle-même est aveugle, et l'immutabilité essentielle de la connaissance se traduit au-dehors par une immobilité comparable à celle du paralytique. Le point de vue du complémentarisme est figuré par l'entraide des deux hommes, dont chacun supplée par ses propres facultés à ce qui manque à l'autre ; et, si l'origine de cet apologue, ou tout au moins la considération plus spéciale de l'application qui en est faite ainsi[66], doit être rapportée au Confucianisme, il est facile de comprendre que celui-ci doit en effet se borner à ce point de vue, par là même qu'il se tient exclusivement dans l'ordre humain et social. Nous ferons même remarquer, à ce propos, que, en Chine, la distinction du Taoïsme, doctrine purement métaphysique, et du Confucianisme, doctrine sociale, procédant d'ailleurs l'un et l'autre d'une même tradition intégrale qui représente leur principe commun, correspond très exactement à la distinction du spirituel et du temporel[67] ; et il faut ajouter que l'importance du « non-agir » au

---

[66] Cette division de la tradition extrême-orientale en deux branches distinctes s'est accomplie au VIe siècle avant l'ère chrétienne, époque dont nous avons eu ailleurs l'occasion de signaler le caractère spécial (*La Crise du Monde moderne*, pp. 18-21), et que, du reste, nous allons encore retrouver par la suite.

[67] Il y a une autre application du même apologue, non plus sociale, mais cosmologique, qui se rencontre dans les doctrines de l'Inde, où elle appartient en propre au *Sânkhya* : là, le paralytique est *Purusha*, en tant qu'immuable ou « non-agissant », et l'aveugle est *Prakriti*, dont la potentialité indifférenciée s'identifie aux ténèbres du chaos ; ce sont effectivement deux principes complémentaires, en tant que pôles de la manifestation universelle, et ils procèdent d'ailleurs d'un principe supérieur unique, qui est l'Être pur, c'est-à-dire du *Sânkhya*. Pour rattacher cette interprétation à celle que nous venons d'indiquer, il faut remarquer qu'on peut établir une correspondance analogique de la contemplation ou de la connaissance avec *Purusha* et de l'action avec *Prakriti* ; mais nous ne pouvons naturellement entrer ici dans l'explication de ces deux principes, et nous devons nous contenter de renvoyer à ce que nous avons exposé à ce sujet dans *L'Homme et son devenir selon le Vêdânta*.

point de vue du Taoïsme justifie tout spécialement, pour qui l'envisage de l'extérieur[68], le symbolisme employé dans l'apologue en question. Cependant, il faut bien prendre garde que, dans l'association des deux hommes, c'est le paralytique qui joue le rôle directeur, et que sa position même, monté sur les épaules de l'aveugle, symbolise la supériorité de la contemplation sur l'action, supériorité que Confucius lui-même était fort loin de contester en principe, comme en témoigne le récit de son entrevue avec Lao-tseu, tel qu'il nous a été conservé par l'historien Sse-ma-tsien ; et il avouait qu'il n'était point « né à la connaissance », c'est-à-dire qu'il n'avait pas atteint la connaissance par excellence, qui est celle de l'ordre métaphysique pur, et qui, comme nous l'avons dit plus haut, appartient exclusivement, par sa nature même, aux détenteurs de la véritable autorité spirituelle[69].

Si donc c'est une erreur d'envisager le spirituel et le temporel comme simplement corrélatifs, il en est une autre, plus grave encore, qui consiste à prétendre subordonner le spirituel au temporel, c'est-à-dire en somme la connaissance à l'action ; cette erreur, qui renverse complètement les rapports normaux, correspond à la tendance qui est, d'une façon générale, celle de l'Occident moderne, et elle ne peut évidemment se produire que dans une période de décadence intellectuelle très avancée. De nos jours, d'ailleurs, certains vont encore plus loin dans ce sens, jusqu'à la négation de la valeur propre de la connaissance comme telle, et aussi, par une conséquence logique, car les deux choses sont étroitement solidaires, jusqu'à la négation pure et simple de toute autorité spirituelle ; ce dernier degré de dégénérescence, qui implique la domination des castes les plus inférieures, est un des

---

[68] Nous disons de l'extérieur parce que, au point de vue intérieur, le « non-agir » est en réalité l'activité suprême dans toute sa plénitude ; mais, précisément en raison de son caractère total et absolu, cette activité ne se montre pas au-dehors comme les activités particulières, déterminées et relatives.

[69] On voit par là qu'il n'y a aucune opposition de principe entre le Taoïsme et le Confucianisme, qui ne sont point et ne peuvent pas être deux écoles rivales, puisque chacun a son domaine propre et nettement distinct ; s'il y eut cependant des luttes, parfois violentes, comme nous l'avons signalé plus haut, elles furent dues surtout à l'incompréhension et à l'exclusivisme des Confucianistes, oublieux de l'exemple que leur maître lui-même leur avait donné.

signes caractéristiques de la phase finale du *Kali-Yuga*. Si nous considérons en particulier la religion, puisque c'est là la forme spéciale que prend le spirituel dans le monde occidental, le renversement des rapports peut s'exprimer de la façon suivante : au lieu de regarder l'ordre social tout entier comme dérivant de la religion, comme y étant suspendu en quelque sorte et ayant en elle son principe, ainsi qu'il en était dans la « Chrétienté » du moyen âge, et ainsi qu'il en est également dans l'Islam qui lui est fort comparable à cet égard, on ne veut aujourd'hui voir tout au plus dans la religion qu'un des éléments de l'ordre social, un élément parmi les autres et au même titre que les autres ; c'est l'asservissement du spirituel au temporel, ou même l'absorption de celui-là dans celui-ci, en attendant la complète négation du spirituel qui en est l'aboutissement inévitable. En effet, envisager les choses de cette façon revient forcément à « humaniser » la religion, nous voulons dire à la traiter comme un fait purement humain, d'ordre social ou mieux « sociologique » pour les uns, d'ordre plutôt psychologique pour les autres ; et alors, à vrai dire, ce n'est plus la religion, car celle-ci comporte essentiellement quelque chose de « supra-humain », faute de quoi nous ne sommes plus dans le domine spirituel, le temporel et l'humain étant en réalité identiques au fond, suivant ce que nous avons expliqué précédemment ; c'est donc là une véritable négation implicite de la religion et du spirituel, quelles que puissent être les apparences, de telle sorte que la négation explicite et avérée sera moins l'instauration d'un nouvel état de choses que la reconnaissance d'un fait accompli. Ainsi, le renversement des rapports prépare directement la suppression du terme supérieur, il l'implique même déjà au moins virtuellement, de même que la révolte des Kshatriyas contre l'autorité des Brâhmanes, comme nous allons le voir, prépare et appelle pour ainsi dire l'avènement des castes les plus inférieures ; et ceux qui auront suivi notre exposé jusqu'ici comprendront sans peine qu'il y a dans ce rapprochement quelque chose de plus qu'une simple comparaison.

CHAPITRE VI

La révolte des Kshatriyas

Chez presque tous les peuples, à des époques diverses, et de plus en plus fréquemment à mesure qu'on s'approche de notre temps, les détenteurs du pouvoir temporel tentèrent, comme nous l'avons dit, de se rendre indépendants de toute autorité supérieure, prétendant ne tenir leur propre pouvoir que d'eux-mêmes et séparer complètement le spirituel du temporel, sinon même soumettre celui-là à celui-ci. Dans cette « insubordination », au sens étymologique du mot, il y a des degrés différents, dont les plus accentués sont aussi les plus récents, comme nous l'avons indiqué dans le chapitre précédent ; les choses ne sont jamais allées aussi loin en ce sens que dans l'époque moderne, et surtout il ne semble pas que, antérieurement, les conceptions qui y correspondent sous divers rapports se soient jamais incorporées à la mentalité générale comme elles l'ont fait au cours des derniers siècles. Nous pourrions reprendre notamment, à ce propos, ce que nous avons déjà dit ailleurs sur l'« individualisme » considéré comme caractéristique du monde moderne[70] : la fonction de l'autorité spirituelle est la seule qui se rapporte à un domaine supra-individuel ; dès lors que cette autorité est méconnue, il est logique que l'individualisme apparaisse aussitôt, au moins comme tendance, sinon comme affirmation bien définie[71], puisque toutes les autres fonctions sociales, à commencer par la fonction « gouvernementale » qui est celle du pouvoir temporel, sont d'ordre purement humain, et que l'individualisme est précisément la réduction de la civilisation tout entière aux seuls éléments humains. Il en est de même pour le « naturalisme », comme nous l'indiquions plus haut : l'autorité spirituelle, étant liée à la connaissance métaphysique et transcendante, a seule un caractère véritablement « surnaturel » ; tout le

---

[70] *La Crise du Monde moderne*, ch. V.

[71] Cette affirmation, quelque forme qu'elle prenne, n'est d'ailleurs en réalité qu'une négation plus ou moins dissimulée, la négation de tout principe supérieur à l'individualité.

reste est d'ordre naturel ou « physique », ainsi que nous le faisions remarquer en ce qui concerne le genre de connaissances qui est principalement, dans une civilisation traditionnelle, l'apanage des Kshatriyas. D'ailleurs, individualisme et naturalisme sont assez étroitement solidaires, car ils ne sont guère, an fond, que deux aspects que prend une seule et même chose, selon qu'on l'envisage par rapport à l'homme ou par rapport au monde ; et l'on pourrait constater, d'une façon très générale, que l'apparition de doctrines « naturalistes » ou antimétaphysiques se produit lorsque l'élément qui représente le pouvoir temporel prend, dans une civilisation, la prédominance sur celui qui représente l'autorité spirituelle[72].

C'est ce qui arriva dans l'Inde même, lorsque les Kshatriyas, ne se contentant plus d'occuper le second rang dans la hiérarchie des fonctions sociales, bien que ce second rang comportât l'exercice de toute la puissance extérieure et visible, se révoltèrent contre l'autorité des Brâhmanes et voulurent s'affranchir de toute dépendance à leur égard. Ici, l'histoire apporte une éclatante confirmation à ce que nous disions plus haut, que le pouvoir temporel se ruine lui-même en méconnaissant sa subordination vis-à-vis de l'autorité spirituelle, parce que, comme tout ce qui appartient au monde du changement, il ne peut se suffire à lui-même, le changement étant inconcevable et contradictoire sans un principe immuable. Toute conception qui nie l'immuable, en mettant l'être tout entier dans le « devenir », enferme en elle-même un élément de contradiction ; une telle conception est éminemment antimétaphysique, puisque le domaine métaphysique est précisément celui de l'immuable, de ce qui est au-delà de la nature ou du « devenir » ; et elle poursuit aussi être appelée « temporelle », pour indiquer par-là que son

---

[72] Un autre fait curieux, que nous ne pouvons que signaler en passant, est le rôle important que joue le plus souvent un élément féminin, ou représenté symboliquement comme tel, dans les doctrines des Kshatriyas, qu'il s'agisse d'ailleurs des doctrines constituées régulièrement pour leur usage ou des conceptions hétérodoxes qu'eux-mêmes font prévaloir ; il est même à remarquer, à cet égard, que l'existence d'un sacerdoce féminin, chez certains peuples, apparaît comme liée à la domination de la caste guerrière. Ce fait peut s'expliquer, d'une part, par la prépondérance de l'élément « rajassique » et émotif chez les Kshatriyas, et surtout, d'autre part, par la correspondance du féminin, dans l'ordre cosmique, avec Prakriti ou la « Nature primordiale », principe du « devenir » et de la mutation temporelle.

point de vue est exclusivement celui de la succession ; il faut d'ailleurs remarquer que l'emploi même de ce mot « temporel », quand il s'applique au pouvoir qui est ainsi désigné, a pour raison d'être de signifier que ce pouvoir ne s'étend pas au-delà de ce qui est engagé dans la succession, de ce qui est soumis au changement. Les modernes théories évolutionnistes, sous leurs diverses formes, ne sont pas les seuls exemples de cette erreur qui consiste à mettre toute réalité dans le « devenir », bien qu'elles y aient apporté une nuance spéciale par l'introduction de la récente idée de « progrès » ; des théories de ce genre ont existé dès l'antiquité, notamment chez les Grecs, et ce cas fut aussi celui de certaines formes du Bouddhisme[73], que nous devons d'ailleurs regarder comme des formes dégénérées ou déviées, bien que, en Occident, on ait pris l'habitude de les considérer comme représentant le « Bouddhisme originel ». En réalité, plus on étudie de près ce qu'il est possible de savoir de celui-ci, plus il apparaît comme différent de l'idée que s'en font généralement les orientalistes ; notamment, il semble bien établi qu'il ne comportait aucunement la négation de l'*Atmâ* ou du « Soi », c'est-à-dire du principe permanent et immuable de l'être, qui est précisément ce que nous avons surtout en vue ici. Que cette négation ait été introduite ultérieurement dans certaines écoles du Bouddhisme indien par les Kshatriyas révoltés ou sous leur inspiration, ou qu'ils aient seulement voulu l'utiliser pour leurs fins propres, c'est ce que nous ne chercherons pas à décider, car cela importe peu au fond, et les conséquences sont les mêmes dans tous les cas[74]. On a pu voir en effet, par ce que nous avons exposé, le lien très direct qui existe entre la négation de tout principe immuable et celle de l'autorité spirituelle, entre la réduction de toute

---

[73] C'est pourquoi les Bouddhistes de ces écoles reçurent l'épithète de *sarva-vainâshikas*, c'est-à-dire « ceux qui soutiennent la dissolubilité de toutes choses » ; cette dissolubilité est, en somme, un équivalent de l'« écoulement universel » enseigné par certains « philosophes physiciens » de la Grèce.

[74] On ne peut invoquer, contre ce que nous disons ici du Bouddhisme originel et d'une déviation ultérieure, le fait que Shâkya-Muni lui-même appartenait par sa naissance à la caste des Kshatriyas, car ce fait peut très légitimement s'expliquer par les conditions spéciales d'une certaine époque, conditions résultant des lois cycliques. On peut du reste remarquer, à cet égard, que le Christ aussi descendait non pas de la tribu sacerdotale de Lévi, mais de la tribu royale de Juda.

réalité au « devenir » et l'affirmation de la suprématie des Kshatriyas ; et il faut ajouter que, en soumettant l'être tout entier au changement, on le réduit par là même à l'individu, car ce qui permet de dépasser l'individualité, ce qui est transcendant par rapport à celle-ci, ce ne peut être que le principe immuable de l'être ; on voit donc très nettement ici cette solidarité du naturalisme et de l'individualisme que nous signalions tout à l'heure[75].

Mais la révolte dépassa son but, et les Kshatriyas ne furent pas maîtres d'arrêter, au point précis où ils auraient pu en tirer avantage, le mouvement qu'ils avaient ainsi déclenché ; ce furent les castes les plus inférieures qui en profitèrent en réalité, et cela se comprend aisément, car, une fois qu'on s'est engagé sur une telle pente, il est impossible de ne pas la descendre jusqu'au bout. La négation de l'*Atmâ* n'était pas la seule qu'on eût introduite dans le Bouddhisme dévié ; il y avait aussi celle de la distinction des castes, base de tout l'ordre social traditionnel ; et cette négation, dirigée tout d'abord contre les Brâhmanes, ne devait pas tarder à se retourner contre les Kshatriyas eux-mêmes[76]. En effet, dès lors que la hiérarchie est niée dans son principe même, on ne voit pas comment une caste quelconque pourrait maintenir sa suprématie sur les autres, ni d'ailleurs au nom de quoi elle prétendrait l'imposer ; n'importe qui, dans ces conditions, peut estimer qu'il a autant de droits au pouvoir que tout autre, pour peu qu'il dispose matériellement de la force nécessaire pour s'en emparer et pour l'exercer en fait ; et, si ce n'est qu'une simple question de force matérielle, n'est-il pas manifeste que celle-ci doit se trouver au plus haut degré dans les éléments qui sont à la fois les plus nombreux et, par leurs fonctions, les plus éloignés de toute préoccupation

---

[75] On pourrait noter encore que les théories du « devenir » tendent assez naturellement à un certain « phénoménisme », bien que, d'ailleurs, le « phénoménisme » au sens le plus strict ne soit, à vrai dire, qu'une chose toute moderne.

[76] On ne peut dire que le Bouddha lui-même ait nié la distinction des castes, mais seulement qu'il n'avait pas à en tenir compte, parce que ce qu'il avait réellement en vue était la constitution d'un ordre monastique, à l'intérieur duquel cette distinction ne s'appliquait pas ; c'est seulement quand on prétendit étendre cette absence de distinction à la société extérieure qu'elle se transforma en une véritable négation.

touchant, même indirectement, à la spiritualité ? Par la négation des castes, la porte était donc ouverte à toutes les usurpations ; aussi les hommes de la dernière caste, les Shûdras, pouvaient eux-mêmes s'en prévaloir ; en fait, on vit parfois certains d'entre eux s'emparer de la royauté et, par une sorte de « choc en retour » qui était dans la logique des événements, déposséder les Kshatriyas du pouvoir qui leur avait appartenu tout d'abord légitimement, mais dont ils avaient pour ainsi dire détruit eux-mêmes la légitimité[77].

____

[77] Un gouvernement dans lequel des hommes de caste inférieure s'attribuent le titre et les fonctions de la royauté est ce que les anciens Grecs appelaient « tyrannie » ; le sens primitif de ce mot est, comme on le voit, assez éloigné de celui qu'il a pris chez les modernes, qui l'emploient plutôt comme un synonyme de « despotisme ».

CHAPITRE VII

Les usurpations de la royauté
et leurs conséquences

On dit parfois que l'histoire se répète, ce qui est faux, car il ne peut y avoir dans l'univers deux êtres ni deux événements qui soient rigoureusement semblables entre eux sous tous les rapports ; s'ils l'étaient, ils ne seraient plus deux, mais, coïncidant en tout, ils se confondraient purement et simplement, de sorte que ce ne serait qu'un seul et même être ou un seul et même événement[78]. La répétition de possibilités identiques implique d'ailleurs une supposition contradictoire, celle d'une limitation de la possibilité universelle et totale, et, comme nous l'avons expliqué ailleurs avec tous les développements nécessaires[79], c'est là ce qui permet de réfuter des théories comme celles de la « réincarnation » et du « retour éternel ». Mais une autre opinion qui n'est pas moins fausse est celle qui, à l'extrême opposé de celle-là, consiste à prétendre que les faits historiques sont entièrement dissemblables, qu'il n'y a rien de commun entre eux ; la vérité est qu'il y a toujours à la fois des différences sous certains rapports et des ressemblances sous d'autres rapports, et que, comme il y a des genres d'êtres dans la nature, il y a également, dans ce domaine aussi bien que dans tous les autres, des genres de faits ; en d'autres termes, il y a des faits qui sont, dans des circonstances diverses, des manifestations ou des expressions d'une même loi. C'est pourquoi l'on rencontre parfois des situations comparables, et qui, si l'on néglige les différences pour ne retenir que les points de similitude, peuvent donner l'illusion d'une répétition ; en réalité, il n'y a jamais identité entre des périodes différentes de l'histoire, mais il y a correspondance et ana-

---

[78] C'est là ce que Leibnitz a appelé le « principe des indiscernables » ; comme nous avons déjà eu l'occasion de l'indiquer, Leibnitz, contrairement aux autres philosophes modernes, possédait quelques données traditionnelles, fragmentaires d'ailleurs et insuffisantes pour lui permettre de s'affranchir de certaines limitations.
[79] *L'Erreur spirite*, 2ᵉ partie, ch. VI.

logie, là comme entre les cycles cosmiques ou entre les états multiples d'un être ; et, comme différents êtres peuvent passer par des phases comparables, sous la réserve des modalités qui sont propres à la nature de chacun d'eux, il en est de même pour les peuples et pour les civilisations.

Ainsi, comme nous l'avons signalé plus haut, il y a, malgré de très grandes différences, une analogie incontestable, et qu'on n'a peut-être jamais assez remarquée, entre l'organisation sociale de l'Inde et celle du moyen âge occidental ; entre les castes de l'une et les classes de l'autre, il n'y a qu'une correspondance, non une identité, mais cette correspondance n'en est pas moins fort importante, parce qu'elle peut servir à montrer, avec une particulière netteté, que toutes les institutions présentant un caractère véritablement traditionnel reposent sur les mêmes fondements naturels et ne diffèrent en somme que par une adaptation nécessaire à des circonstances diverses de temps et de lieu. Il faut bien remarquer, d'ailleurs, que nous n'entendons nullement suggérer par-là l'idée d'un emprunt que l'Europe, à cette époque, aurait fait directement à l'Inde, ce qui serait assez peu vraisemblable ; nous disons seulement qu'il y a là deux applications d'un même principe, et, au fond, cela seul importe, du moins au point de vue où nous nous plaçons présentement. Nous réservons donc la question d'une origine commune, qu'on ne pourrait assurément trouver, en tous cas, qu'en remontant fort loin dans le passé ; cette question se rattacherait à celle de la filiation des différentes formes traditionnelles à partir de la grande tradition primordiale, et c'est là, on le comprendra sans peine, quelque chose d'extrêmement complexe. Si nous signalons cependant cette possibilité, c'est parce que nous ne pensons pas que, en fait, des similitudes aussi précises puissent s'expliquer d'une façon entièrement satisfaisante en dehors d'une transmission régulière et effective, et aussi parce que nous rencontrons au moyen âge beaucoup d'autres indices concordants, qui montrent assez clairement qu'il y avait encore en Occident un lien conscient, au moins pour quelques-uns, avec le véritable « centre du monde », source unique de toutes les traditions orthodoxes, alors que, par contre, nous ne voyons plus rien de tel à l'époque moderne.

En Europe, nous trouvons aussi, dès le moyen âge, l'analogue de la révolte des Kshatriyas ; nous le trouvons même plus particulièrement en France, où, à partir de Philippe le Bel, qui doit être considéré comme un des principaux auteurs de la déviation caractéristique de l'époque moderne, la royauté travailla presque constamment à se rendre indépendante de l'autorité spirituelle, tout en conservant cependant, par un singulier illogisme, la marque extérieure de sa dépendance originelle, puisque, comme nous l'avons expliqué, le sacre des rois n'était pas autre chose. Les « légistes » de Philippe le Bel sont déjà, bien avant les « humanistes » de la Renaissance, les véritables précurseurs du « laïcisme » actuel ; et c'est à cette époque, c'est-à-dire au début du XIVe siècle, qu'il faut faire remonter en réalité la rupture du monde occidental avec sa propre tradition. Pour des raisons qu'il serait trop long d'exposer ici, et que nous avons d'ailleurs indiquées dans d'autres études[80], nous pensons que le point de départ de cette rupture fut marqué très nettement par la destruction de l'Ordre du Temple ; nous rappellerons seulement que celui-ci constituait comme un lien entre l'Orient et l'Occident, et que, en Occident même, il était, par son double caractère religieux et guerrier, une sorte de trait d'union entre le spirituel et le temporel, si même ce double caractère ne doit être interprété comme le signe d'une relation plus directe avec la source commune des deux pouvoirs[81]. On sera peut-être tenté d'objecter que cette destruction, si elle fut voulue par le roi de France, fut du moins réalisée d'accord avec la Papauté ; la vérité est qu'elle fut imposée à la Papauté, ce qui est tout différent ; et c'est ainsi que, renversant les rapports normaux, le pouvoir temporel commença dès lors à se servir de l'autorité spirituelle pour ses fins de domination politique. On dira sans doute encore que le fait que cette autorité spirituelle se laissa ainsi subju-

---

⁸⁰ Voir notamment *L'Ésotérisme de Dante*.
⁸¹ Voir à ce sujet notre étude sur *Saint Bernard* ; nous y avons signalé que les deux caractères du moine et du chevalier se trouvaient réunis en saint Bernard, auteur de la règle de l'Ordre du Temple, qualifié par lui de « milice de Dieu », et par là s'explique le rôle, qu'il eut à jouer constamment, de conciliateur et d'arbitre entre le pouvoir religieux et le pouvoir politique.

guer prouve qu'elle n'était déjà plus ce qu'elle aurait dû être, et que ses représentants n'avaient plus la pleine conscience de son caractère transcendant ; cela est vrai, et c'est d'ailleurs ce qui explique et justifie, à cette époque même, les invectives parfois violentes de Dante à leur égard ; mais il n'en reste pas moins que, vis-à-vis du pouvoir temporel, c'était malgré tout l'autorité spirituelle, et que c'est d'elle qu'il tenait sa légitimité. Les représentants du pouvoir temporel ne sont pas, comme tels, qualifiés pour reconnaître si l'autorité spirituelle correspondant à la forme traditionnelle dont ils relèvent possède ou non la plénitude de sa réalité effective ; ils en sont même incapables par définition, puisque leur compétence est limitée à un domaine inférieur ; quelle que soit cette autorité, s'ils méconnaissent leur subordination à son égard, ils compromettent par là même leur légitimité. Il faut donc avoir bien soin de distinguer la question de ce que peut être une autorité spirituelle en elle-même, à tel ou tel moment de son existence, et celle de ses rapports avec le pouvoir temporel ; la seconde est indépendante de la première, qui ne regarde que ceux qui exercent des fonctions d'ordre sacerdotal ou qui seraient normalement qualifiés pour les exercer ; et, même si cette autorité, par la faute de ses représentants, avait entièrement perdu l'« esprit » de sa doctrine, la seule conservation du dépôt de la « lettre » et des formes extérieures dans lesquelles cette doctrine est contenue en quelque façon continuerait encore à lui assurer la puissance nécessaire et suffisante pour exercer valablement sa suprématie sur le temporel[82], car cette suprématie est attachée à l'essence même de l'autorité spirituelle et lui appartient tant qu'elle subsiste régulièrement, si diminuée qu'elle puisse être en elle-même, la moindre parcelle de spiritualité

---

[82] Ce cas est comparable à celui d'un homme qui aurait reçu en héritage une cassette fermée contenant un trésor, et qui, ne pouvant l'ouvrir, ignorerait la vraie nature de celui-ci ; cet homme n'en serait pas moins l'authentique possesseur du trésor ; la perte de la clef ne lui en enlèverait pas la propriété, et, si certaines prérogatives extérieures étaient attachées à cette propriété, il conserverait toujours le droit de les exercer ; mais, d'autre part, il est évident que, en ce qui le concerne personnellement, il ne pourrait, dans ces conditions, avoir effectivement la pleine jouissance de son trésor.

étant encore incomparablement supérieure à tout ce qui relève de l'ordre temporel. Il résulte de là que, tandis que l'autorité spirituelle peut et doit toujours contrôler le pouvoir temporel, elle-même ne peut être contrôlée par rien d'autre, du moins extérieurement[83] ; si choquante qu'une telle affirmation puisse paraître aux yeux de la plupart de nos contemporains, nous n'hésitons pas à déclarer que ce n'est là que l'expression d'une vérité indéniable[84].

Mais revenons à Philippe le Bel, qui nous fournit un exemple particulièrement typique pour ce que nous nous proposons d'expliquer ici : il est à remarquer que Dante attribue comme mobile à ses actions la « cupidité »[85], qui est un vice, non de Kshatriya,

[83] Cette réserve concerne le principe suprême du spirituel et du temporel, qui est au-delà de toutes les formes particulières, et dont les représentants directs ont évidemment le droit de contrôle sur l'un et l'autre domaine ; mais l'action de ce principe suprême, dans l'état actuel du monde, ne s'exerce pas visiblement, de telle sorte qu'on peut dire que toute autorité spirituelle apparaît : au-dehors comme suprême, même si elle est seulement ce que nous avons appelé plus haut une autorité spirituelle relative, et même si, dans ce cas, elle a perdu la clef de la forme traditionnelle dont elle est chargée d'assurer la conservation.

[84] Il en est de même de l'« infaillibilité pontificale », dont la proclamation a soulevé tant de protestations dues simplement à l'incompréhension moderne, incompréhension qui, d'ailleurs, rendait son affirmation explicite et solennelle d'autant plus indispensable : un représentant authentique d'une doctrine traditionnelle est nécessairement infaillible quand il parle au nom de cette doctrine ; et il faut bien se rendre compte que cette infaillibilité est ainsi attachée, non à l'individualité, mais à la fonction. C'est ainsi que, dans l'Islam, tout *mufti* est infaillible en tant qu'interprète autorisé de la *shariyah*, c'est-à-dire de la législation basée essentiellement sur la religion, quoique sa compétence ne s'étende pas à un ordre plus intérieur ; les Orientaux pourraient donc s'étonner, non pas que le Pape soit infaillible dans son domaine, ce qui ne saurait faire pour eux la moindre difficulté, mais bien plutôt qu'il soit seul à l'être dans tout l'Occident.

[85] C'est par là que s'explique, non seulement la destruction de l'Ordre du Temple, mais aussi, plus visiblement encore, ce qu'on a appelé l'altération des monnaies, et ces deux faits sont peut-être liés plus étroitement qu'on ne pourrait le supposer à première vue ; en tous cas, si les contemporains de Philippe le Bel lui firent un crime de cette altération, il faut en conclure que, en changeant de sa propre initiative le titre de la monnaie, il dépassait les droits reconnus au pouvoir royal. Il y a là une indication qui est à retenir, car cette question de la monnaie avait, dans l'antiquité et au moyen âge, des aspects tout à fait ignorés des modernes, qui s'en tiennent au simple point de vue « économique » ; c'est ainsi qu'on a remarqué que, chez les Celtes, les symboles figurant sur les monnaies ne peuvent s'expliquer que si on les rapporte à des connaissances doctrinales qui étaient propres aux Druides, ce qui implique une intervention directe de ceux-ci dans ce domaine ; et ce contrôle de l'autorité spirituelle a dû se perpétuer jusque vers la fin du moyen âge.

mais de Vaishya ; on pourrait dire que les Kshatriyas, dès qu'ils ne mettent en état de révolte, se dégradent en quelque sorte et perdent leur caractère propre pour prendre celui d'une caste inférieure. On pourrait même ajouter que cette dégradation doit inévitablement accompagner la perte de la légitimité : si les Kshatriyas sont, par leur faute, déchus de leur droit normal à l'exercice du pouvoir temporel, c'est qu'ils ne sont pas de vrais Kshatriyas, nous voulons dire que leur nature n'est plus telle qu'elle les rende aptes à remplir ce qui était leur fonction propre. Si le roi ne se contente plus d'être le premier des Kshatriyas, c'est-à-dire le chef de la noblesse, et de jouer le rôle « régulateur » qui lui appartient à ce titre, il perd ce qui fait sa raison d'être essentielle, et, en même temps, il se met en opposition avec cette noblesse dont il n'était que l'émanation et comme l'expression la plus achevée. C'est ainsi que nous voyons la royauté, pour « centraliser » et absorber en elle les pouvoirs qui appartiennent collectivement à la noblesse tout entière, entrer en lutte avec celle-ci et travailler avec acharnement à la destruction de la féodalité, dont pourtant elle était issue ; elle ne pouvait d'ailleurs le faire qu'en s'appuyant sur le tiers-état, qui correspond aux Vaishyas ; et c'est pourquoi nous voyons aussi, à partir de Philippe le Bel précisément, les rois de France s'entourer presque constamment de bourgeois, surtout ceux qui, comme Louis XI et Louis XIV, ont poussé le plus loin le travail de « centralisation », dont la bourgeoisie devait du reste recueillir ensuite le bénéfice lorsqu'elle s'empara du pouvoir par la Révolution.

La « centralisation » temporelle est d'ailleurs généralement la marque d'une opposition vis-à-vis de l'autorité spirituelle, dont les gouvernements s'efforcent de neutraliser ainsi l'influence pour y substituer la leur ; c'est pourquoi la forme féodale, qui est celle où les Kshatriyas peuvent exercer le plus complètement leurs fonctions normales, est en même temps celle qui paraît convenir le mieux à l'organisation régulière des civilisations traditionnelles, comme l'était celle du moyen âge. L'époque moderne, qui est celle de la rupture avec la tradition, pourrait, sous le rapport politique, être caractérisée par la substitution du système national au système féodal ; et c'est au XIVe siècle que les « nationalités » commencèrent à se constituer, par ce travail de « centralisation » dont nous venons de parler. On a raison de dire que la formation de la « nation française », en particulier, fut l'œuvre des rois ; mais ceux-ci, par la même, préparaient sans le savoir leur propre ruine[86] ; et, si la France fut le premier pays d'Europe où la royauté fut abolie, c'est parce que c'est en France que la « nationalisation » avait eu son point de départ. D'ailleurs, il est à peine besoin de rappeler combien la Révolution fut farouchement « nationaliste » et « centralisatrice », et aussi quel usage proprement révolutionnaire fut fait, durant tout le cours du XIXe siècle, du soi-disant « principe des nationalités »[87] ; il y a donc une assez singulière contradiction dans le « nationalisme » qu'affichent aujourd'hui certains adversaires déclarés de la Révolution et de son œuvre. Mais le point le plus intéressant pour nous présentement est celui-ci : la formation des « nationalités » est essentiellement un des épisodes de la lutte du temporel contre le spirituel ; et, si l'on veut aller au fond des choses, on peut dire que c'est précisément pour cela qu'elle fut fatale à la royauté, qui, alors même qu'elle semblait réaliser toutes ses ambitions, ne faisait que courir à sa perte[88].

Il est une sorte d'unification politique, donc tout extérieure, qui implique la méconnaissance, sinon la négation, des principes spirituels qui seuls peuvent faire l'unité véritable et profonde d'une civilisation, et les « nationalités » en sont un exemple. Au moyen âge, il y avait, pour tout l'Occident, une unité réelle, fondée sur des bases d'ordre proprement traditionnel, qui était celle de la « Chré-

---

[86] À la lutte de la royauté contre la noblesse féodale, on peut appliquer strictement cette parole de l'Évangile : « Toute maison divisée contre elle-même périra ».

[87] Il y a lieu de remarquer que ce « principe des nationalités » fut surtout exploité contre la Papauté et contre l'Autriche, qui représentait le dernier reste du Saint-Empire.

[88] Là où la royauté a pu se maintenir en devenant « constitutionnelle », elle n'est plus que l'ombre d'elle-même et n'a guère qu'une existence nominale et « représentative », comme l'exprime la formule connue d'après laquelle « le roi règne, mais ne gouverne pas » ; ce n'est véritablement qu'une caricature de l'ancienne royauté.

tienté » ; lorsque furent formées ces unités secondaires, d'ordre purement politique, c'est-à-dire temporel et non plus spirituel, que sont les nations, cette grande unité de l'Occident fut irrémédiablement brisée, et l'existence effective de la « Chrétienté » prit fin. Les nations, qui ne sont que les fragments dispersés de l'ancienne « Chrétienté », les fausses unités substituées à l'unité véritable par la volonté de domination du pouvoir temporel, ne pouvaient vivre, par les conditions mêmes de leur constitution, qu'en s'opposant les unes aux autres, en luttant sans cesse entre elles sur tous les terrains[89] ; l'esprit est unité, la matière est multiplicité et division, et plus on s'éloigne de la spiritualité, plus les antagonismes s'accentuent et s'amplifient. Personne ne pourra contester que les guerres féodales, étroitement localisées, et d'ailleurs soumises à une règlementation restrictive émanant de l'autorité spirituelle, n'étaient rien en comparaison des guerres nationales, qui ont abouti, avec la Révolution et l'Empire, aux « nations armées »[90], et que nous avons vues prendre de nos jours de nouveaux développements fort peu rassurants pour l'avenir.

D'autre part, la constitution des « nationalités » rendit possibles de véritables tentatives d'asservissement du spirituel au temporel, impliquant un renversement complet des rapports hiérarchiques entre les deux pouvoirs ; cet asservissement trouve son expression la plus définie dans l'idée d'une Église « nationale », c'est-à-dire subordonnée à l'État et enfermée dans les limites de celui-ci ; et le terme même de « religion d'État », sous son apparence volontairement équivoque, ne signifie rien d'autre au fond : c'est la religion dont le gouvernement temporel se sert

---

[89] C'est pourquoi l'idée d'une « société des nations » ne peut être qu'une utopie sans portée réelle ; la forme nationale répugne essentiellement à la connaissance d'une unité quelconque supérieure à la sienne propre ; d'ailleurs, dans les conceptions qui se font jour actuellement, il ne s'agirait évidemment que d'une unité d'ordre exclusivement temporel, donc d'autant plus inefficace, et qui ne pourrait jamais être qu'une parodie de la véritable unité.

[90] Comme nous l'avons fait remarquer ailleurs (*La Crise du Monde moderne*, pp. 104-105), en obligeant tous les hommes indistinctement à prendre part aux guerres modernes, on méconnaît entièrement la distinction essentielle des fonctions sociales ; c'est là, du reste, une conséquence logique de l'« égalitarisme ».

comme d'un moyen pour assurer sa domination ; c'est la religion réduite à n'être plus qu'un simple facteur de l'ordre social[91]. Cette idée d'Église « nationale » vit le jour tout d'abord dans les pays protestants, ou, pour mieux dire, c'est peut-être surtout pour la réaliser que le Protestantisme fut suscité, car il semble bien que Luther n'ait guère été, politiquement tout au moins, qu'un instrument des ambitions de certains princes allemands, et il est fort probable que, sans cela, même si sa révolte contre Rome s'était produite, les conséquences en auraient été tout aussi négligeables que celles de beaucoup d'autres dissidences individuelles qui ne furent que des incidents sans lendemain. La Réforme est le symptôme le plus apparent de la rupture de l'unité spirituelle de la « Chrétienté », mais ce n'est pas elle qui commença, suivant l'expression de Joseph de Maistre, à « déchirer la robe sans couture » ; cette rupture était alors un fait accompli depuis longtemps déjà, puisque, comme nous l'avons dit, son début remonte en réalité deux siècles plus tôt ; et l'on pourrait faire une remarque analogue au sujet de la Renaissance, qui, par une coïncidence où il n'y a rien de fortuit, se produisit à peu près en même temps que la Réforme, et seulement alors que les connaissances traditionnelles du moyen âge étaient presque entièrement perdues. Le Protestantisme fut donc plutôt, à cet égard, un aboutissement qu'un point de départ ; mais, s'il fut surtout, en réalité, l'œuvre des princes et des souverains, qui l'utilisèrent tout d'abord à des fins politiques, ses tendances individualistes ne devaient pas tarder à se retourner contre ceux-ci, car elles préparaient directement la voie aux conceptions démocratiques et égalitaires de l'époque actuelle[92].

Pour revenir à ce qui concerne l'asservissement de la religion à l'État, sous la forme que nous venons d'indiquer, ce serait d'ailleurs une erreur de croire qu'on n'en trouverait pas d'exemples

---

[91] Cette conception peut d'ailleurs se réaliser sous d'autres formes que celle d'une Église « nationale » proprement dite ; on en a un exemple des plus frappants dans un régime comme celui du « Concordat » napoléonien, transformant les prêtres en fonctionnaires de l'État, ce qui est une véritable monstruosité.

[92] Il y a lieu de noter que le Protestantisme supprime le clergé, et que s'il prétend maintenir l'autorité de la Bible, il la ruine en fait par le « libre arbitre ».

en dehors du Protestantisme[93] : si le schisme anglican d'Henri VIII est la réussite la plus complète dans la constitution d'une Église « nationale », le gallicanisme lui-même, tel que Louis XIV a pu le concevoir, n'était pas autre chose au fond ; si cette tentative avait abouti, le rattachement à Rome aurait sans doute subsisté en théorie, mais, pratiquement, les effets en auraient été complètement annulés par l'interposition du pouvoir politique, et la situation n'aurait pas été sensiblement différente en France de ce qu'elle pourrait être en Angleterre si les tendances de la friction « ritualiste » de l'Église anglicane arrivaient à prévaloir définitivement[94]. Le Protestantisme, sous ses différentes formes, a poussé les choses à l'extrême ; mais ce n'est pas seulement dans les pays où il s'établit que la royauté détruisit son propre « droit divin », c'est-à-dire l'unique fondement réel de sa légitimité, et, en même temps, l'unique garantie de sa stabilité ; d'après ce qui vient d'être exposé, la royauté française, sans aller jusqu'à une rupture aussi manifeste avec l'autorité spirituelle, avait en somme, par d'autres moyens plus détournés, agi exactement de la même façon, et même il semble bien qu'elle avait été la première à s'engager dans cette voie ; ceux de ses partisans qui lui en font une sorte de gloire ne paraissent guère se rendre compte des conséquences que cette attitude a entraînées et qu'elle ne pouvait pas ne pas entraîner. La vérité est que c'est la royauté qui, par-là, ouvrit inconsciemment le chemin à la Révolution, et que celle-ci, en la détruisant, ne fit qu'aller plus loin dans le sens du désordre où elle-même avait commencé à s'engager. En fait, partout dans le monde occidental, la bourgeoisie est parvenue à s'emparer du pouvoir, auquel la royauté l'avait tout d'abord fait participer indûment ; peu importe d'ailleurs qu'elle ait alors aboli la royauté comme en France, ou qu'elle l'ait laissée subsister nominalement

---

[93] Nous n'envisageons pas ici le cas de la Russie, qui est quelque peu spécial et devrait donner lieu à des distinctions qui compliqueraient assez inutilement notre exposé ; il n'en est pas moins vrai que là aussi, on trouve la « religion d'État » au sens que nous avons défini ; mais les ordres monastiques ont pu du moins échapper dans une certaine mesure à la subordination du spirituel au temporel, tandis que, dans les pays protestants, leur suppression a rendu cette subordination aussi complète que possible.

[94] On remarquera du reste qu'il y a, entre les deux dénominations d'« anglicanisme » et de « gallicanisme », une étroite similitude, qui correspond bien à la réalité.

comme en Angleterre ou ailleurs ; le résultat est le même dans tous les cas, et c'est le triomphe de l'« économique », sa suprématie proclamée ouvertement. Mais, à mesure qu'on s'enfonce dans la matérialité, l'instabilité s'accroît, les changements se produisent de plus en plus rapidement ; aussi le règne de la bourgeoisie ne pourra-t-il avoir qu'une assez courte durée, en comparaison de celle du régime auquel il a succédé ; et, comme l'usurpation appelle l'usurpation, après les Vaishyas, ce sont maintenant les Shûdras qui, à leur tour, aspirent à la domination : c'est là, très exactement, la signification du bolchevisme. Nous ne voulons, à cet égard, formuler aucune prévision, mais il ne serait sans doute pas bien difficile de tirer, de ce qui précède, certaines conséquences pour l'avenir : si les éléments sociaux les plus inférieurs accèdent au pouvoir d'une façon ou d'une autre, leur règne sera vraisemblablement le plus bref de tous, et il marquera la dernière place d'un certain cycle historique, puisqu'il n'est pas possible de descendre plus bas ; si même un tel événement n'a pas une portée plus générale, il est donc à supposer qu'il sera tout au moins, pour l'Occident, la fin de la période moderne.

Un historien qui s'appuierait sur les données que nous avons indiquées pourrait sans doute développer ces considérations presque indéfiniment, en recherchant des faits plus particuliers qui feraient encore ressortir, d'une façon très précise, ce que nous avons voulu montrer principalement ici[95] : cette responsabilité trop peu connue du pouvoir royal à l'origine de tout le désordre moderne, cette première déviation, dans les rapports du spirituel et du temporel, qui devait inévitablement entraîner toutes les autres. Quant à nous, ce ne peut être là notre rôle ; nous avons voulu donner seulement des exemples destinés à éclairer un exposé synthétique ; nous devons donc nous en tenir aux grandes lignes de l'histoire, et nous borner aux indications essentielles qui se dégagent de la suite même des événements.

---

[95] Il pourrait être intéressant, par exemple, d'étudier spécialement à ce point de vue le rôle de Richelieu, qui s'acharna à détruire les derniers vestiges de la féodalité, et qui, tout en combattant les Protestants à l'intérieur, s'allia à eux à l'extérieur contre ce qui pouvait encore subsister du Saint-Empire, c'est-à-dire contre les survivances de l'ancienne « Chrétienté ».

CHAPITRE VIII

Paradis terrestre et paradis céleste

La constitution politique de la « Chrétienté » médiévale était, avons-nous dit, essentiellement féodale ; elle avait son couronnement dans une fonction, véritablement suprême dans l'ordre temporel, qui était celle de l'Empereur, celui-ci devant être par rapport aux rois ce que les rois, à leur tour, étaient par rapport à leurs vassaux. Il faut dire, d'ailleurs, que cette conception du Saint-Empire resta quelque peu théorique et ne fut jamais pleinement réalisée, sans doute par la faute des Empereurs eux-mêmes, qui, égarés par l'étendue de la puissance qui leur était conférée, furent les premiers à contester leur subordination vis-à-vis de l'autorité spirituelle, dont ils tenaient cependant leur pouvoir tout comme les autres souverains, et même plus directement encore[96]. Ce fut ce qu'on est convenu d'appeler la querelle du Sacerdoce et de l'Empire, dont les vicissitudes diverses sont assez connues pour qu'il n'y ait pas lieu de les rappeler ici, même sommairement, d'autant plus que le détail de ces faits importe peu pour ce que nous nous proposons ; ce qui est plus intéressant, c'est de comprendre ce qu'aurait dû être véritablement l'Empereur, et aussi ce qui a pu donner naissance à l'erreur qui lui fit prendre sa suprématie relative pour une suprématie absolue.

La distinction de la Papauté et de l'Empire provenait en quelque sorte d'une division des pouvoirs qui, dans l'ancienne Rome, avaient été réunis dans une seule personne, puisque, alors, l'*Imperator* était en même temps *Pontifex Maximus*[97] ; nous n'avons

---

[96] Le Saint-Empire commence avec Charlemagne, et on sait que c'est le Pape qui conféra à celui-ci la dignité impériale ; ses successeurs ne pouvaient être légitimés autrement qu'il ne l'avait été lui-même.

[97] Il est très remarquable que le Pape ait toujours conservé ce titre de *Pontifex Maximus*, dont l'origine est si évidemment étrangère au Christianisme et lui est d'ailleurs fort antérieure ; ce fait est de ceux qui devraient donner à penser, à ceux qui sont capables de réfléchir, que le soi-disant «paganisme» avait en réalité un caractère bien différent de celui qu'on est convenu de lui attribuer.

d'ailleurs pas à chercher comment peut expliquer, dans ce cas spécial, cette réunion du spirituel et du temporel, ce qui risquerait de nous engager dans des considérations assez complexes[98]. Quoi qu'il en soit, le Pape et l'Empereur étaient ainsi, non pas précisément « les deux moitiés de Dieu » comme l'a écrit Victor Hugo, mais beaucoup plus exactement les deux moitiés de ce Christ-Janus que certaines figurations nous montrent tenant d'une main une clef et de l'autre un sceptre, emblèmes respectifs des deux pouvoirs sacerdotal et royal unis en lui comme dans leur principe commun[99]. Cette assimilation symbolique du Christ à Janus, en tant que principe suprême des deux pouvoirs, est la marque très nette d'une certaine continuité traditionnelle, trop souvent ignorée ou niée de parti pris, entre la Rome ancienne et la Rome chrétienne ; et il ne faut pas oublier que, au moyen âge, l'Empire était « romain » comme la Papauté. Mais cette même figuration nous donne aussi la raison de l'erreur que nous venons de signaler, et qui devait être fatale à l'Empire : cette erreur consiste en somme à regarder comme équivalentes les deux moitiés de Janus, qui le sont en effet en apparence, mais qui, lorsqu'elles représentent le spirituel et le temporel, ne peuvent l'être en réalité ; en d'autres termes, c'est encore l'erreur qui consiste à prendre le rapport des deux pouvoirs pour un rapport de coordination, alors qu'il est un rapport de subordination, parce que, dès lors qu'ils sont séparés, tandis que l'un procède directement du principe suprême, l'autre n'en procède qu'indirectement ; nous nous sommes déjà suffisam-

---

[98] L'Empereur romain apparaît en quelque sorte comme un Kshatriya exerçant, outre sa fonction propre, la fonction d'un Brâhmane ; il semble donc qu'il y ait là une anomalie, et il faudrait voir si la tradition romaine n'a pas un caractère particulier permettant de considérer ce fait autrement que comme une simple usurpation. D'autre part, on peut douter que les Empereurs aient été, pour la plupart, vraiment « qualifiés » au point de vue spirituel ; mais il faut parfois distinguer entre le représentant « officiel » de l'autorité et ses détenteurs effectifs, et il suffit que ceux-ci inspirent celui-là, même s'il n'est pas l'un d'entre eux, pour que les choses soient ce qu'elles doivent être.

[99] Voir un article de L. Charbonneau-Lassay intitulé *Un ancien emblème du mois de janvier*, publié dans la revue *Regnabit* (mars 1925). — La clef et le spectre équivalent ici à l'ensemble plus habituel des deux clefs d'or et d'argent ; ces deux symboles sont d'ailleurs rapportés directement au Christ par cette formule liturgique : « *O Clavis David, et Sceptrum domus Israel…* » (*Bréviaire romain*, office du 20 décembre).

ment expliqué là-dessus dans ce qui précède pour qu'il n'y ait pas lieu maintenant d'y insister davantage.

Dante, à la fin de son traité *De Monarchia*, définit d'une façon très nette les attributions respectives du Pape et de l'Empereur ; voici ce passage important : « L'ineffable Providence de Dieu proposa à l'homme deux fins : la béatitude de cette vie, qui consiste dans l'exercice de la vertu propre et qui est représentée par le Paradis terrestre ; et la béatitude de la vie éternelle, qui consiste à jouir de la vue de Dieu, à quoi la vertu humaine ne peut pas se hausser si elle n'est aidée par la lumière divine, et qui est représentée par le Paradis céleste. À ces deux béatitudes, comme à des conclusions diverses, il faut arriver par des moyens différents ; car à la première nous arrivons par les enseignements philosophiques, pourvu que nous les suivions en agissant selon les vertus morales et intellectuelles ; à la seconde, par les enseignements spirituels, qui dépassent la raison humaine, pourvu que nous les suivions en agissant selon les vertus théologales, la Foi, l'Espérance et la Charité. Ces conclusions et ces moyens, bien qu'ils nous soient enseignés, les uns par la raison humaine qui nous est manifestée tout entière par les philosophes, les autres par l'Esprit-Saint qui nous a révélé la vérité surnaturelle, à nous nécessaire, par les prophètes et les écrivains sacrés, par le Fils de Dieu, Jésus-Christ, coéternel à l'Esprit, et par ses disciples, ces conclusions et ces moyens, la cupidité humaine les ferait abandonner si les hommes, semblables à des chevaux qui vagabondent dans leur bestialité, n'étaient par le frein retenus dans leur route. C'est pourquoi l'homme a eu besoin d'une double direction suivant sa double fin, c'est-à-dire du Souverain Pontife, qui, selon la Révélation, conduirait le genre humain à la vie éternelle, et de l'Empereur, qui, selon les enseignements philosophiques, le dirigerait à la félicité temporelle. Et comme à ce port nul ne pourrait parvenir, ou il n'y parviendrait que très peu de personnes et au prix des pires difficultés, si le genre humain ne pouvait reposer libre dans la tranquillité de la paix, après qu'auraient été apaisés les flots de la cupidité insinuante, c'est à ce but que doit tendre surtout celui qui régit la terre, le prince romain : que dans cette petite habitation des mortels on vive librement en paix »[100].

Ce texte a besoin d'un certain nombre d'explications pour être parfaitement compris, car il ne faut pas s'y laisser tromper : sous un langage d'apparence purement théologique, il renferme des vérités d'un ordre beaucoup plus profond, ce qui est d'ailleurs conforme aux habitudes de son auteur et des organisations initiatiques auxquelles celui-ci était rattaché[101]. D'autre part, il est assez étonnant, remarquons-le en passant, que celui qui a écrit ces lignes ait pu être présenté parfois comme un ennemi de la Papauté ; il a sans doute, comme nous le disions plus haut, dénoncé les insuffisances et les imperfections qu'il a pu constater dans l'état de la Papauté à son époque, et en particulier, comme une de leurs conséquences, le recourt trop fréquent à des moyens proprement temporels, donc peu convenables à l'action d'une autorité spirituelle ; mais il a su ne pas imputer à l'institution elle-même les défauts des hommes qui la représentaient passagèrement, ce que ne sait pas toujours faire l'individualisme moderne[102].

Si l'on se reporte à ce que nous avons déjà expliqué, on verra sans difficulté que la distinction que fait Dante entre les deux fins de l'homme correspond très exactement à celle des « petits mystères » et des « grands mystères », et aussi, par conséquent, à celle

---

[100] *De Monarchia*, III, 16.

[101] Voir notamment, à ce sujet, notre étude sur *L'Ésotérisme de Dante*, et aussi l'ouvrage de Luigi Valli, *Il Linguaggio segreto di Dante e dei « Fedeli d'Amore »* ; l'auteur est malheureusement mort sans avoir pu pousser ses recherches jusqu'au bout, et au moment même où elles semblaient l'amener à envisager les choses dans un esprit plus proche de l'ésotérisme traditionnel.

[102] Quand on parle du Catholicisme, on devrait toujours avoir le plus grand soin de distinguer ce qui concerne le Catholicisme lui-même en tant que doctrine et ce qui se rapporte seulement à l'état actuel de l'organisation de l'Église catholique ; quoi qu'on puisse penser sur cette dernière question, l'autre ne saurait nullement en être affecté. Ce que nous disons ici du Catholicisme, parce que cet exemple se présente immédiatement à propos de Dante, pourrait d'ailleurs trouver beaucoup d'autres applications ; mais bien peu nombreux sont aujourd'hui ceux qui savent, quand il le faut, se dégager des contingences historiques, à tel point que, pour continuer à prendre le même exemple, certains défenseurs du Catholicisme, aussi bien que ses adversaires, croient pouvoir tout ramener à une simple question d'« historicité », ce qui est une des formes de la moderne « superstition du fait ».

de l'« initiation royale » et de l'« initiation sacerdotale ». L'Empereur préside aux « petits mystères », qui concernent le « Paradis terrestre », c'est-à-dire la réalisation de la perfection de l'état humain[103] ; le Souverain Pontife préside aux « grands mystères », qui concernent le « Paradis céleste », c'est-à-dire la réalisation des états supra-humains, reliés ainsi à l'état humain par la fonction « pontificale », entendue en son sens strictement étymologique [104]. L'homme, en tant qu'homme, ne peut évidemment atteindre par lui-même que la première de ces deux fins, qui peut être dite « naturelle », tandis que la seconde est proprement « surnaturelle », puisqu'elle réside au-delà du monde manifesté ; cette distinction est donc bien celle de l'ordre « physique » et de l'ordre « métaphysique ». Ici apparaît aussi clairement que possible la concordance de toutes les traditions, qu'elles soient d'Orient ou d'Occident : en définissant comme nous l'avons fait les attributions respectives des Kshatriyas et des Brâhmanes, nous étions bien fondé à n'y pas voir seulement quelque chose d'applicable à une certaine forme de civilisation, celle de l'Inde, puisque nous les retrouvons, définies d'une façon rigoureusement identique, dans ce qui fut, avant la déviation moderne, la civilisation traditionnelle du monde occidental.

Dante assigne donc pour fonctions à l'Empereur et au Pape de conduire l'humanité respectivement au « Paradis terrestre » et au « Paradis céleste » ; la première de ces deux fonctions s'accomplit « selon la philosophie », et la seconde « selon la Révélation » ; mais ces termes sont de ceux qui demandent à être expliqués soigneusement. Il va de soi, en effet, que la « philosophie » ne saurait être entendue ici dans son sens ordinaire et « profane », car, s'il en était ainsi, elle serait trop manifestement incapable de jouer le rôle qui

---

[103] Cette réalisation est, en effet, la restauration de l'« état primordial » dont il est question dans toutes les traditions, ainsi que nous avons eu déjà l'occasion de l'exposer à diverses reprises.

[104] Dans le symbolisme de la croix, la première de ces deux réalisations est représentée par le développement indéfini de la ligne horizontale, et la seconde par celui de la ligne verticale ; ce sont, suivant le langage de l'ésotérisme islamique, les deux sens de l'« ampleur » et de l'« exaltation », dont le plein épanouissement se réalise dans l'« Homme Universel », qui est le Christ mystique, le « second Adam » de saint Paul.

lui est assigné ; il faut, pour comprendre ce dont il s'agit réellement, restituer à ce mot de « philosophie » sa signification primitive, celle qu'il avait pour les Pythagoriciens, qui furent les premiers à en faire usage. Comme nous l'avons indiqué ailleurs[105], ce mot, signifiant étymologiquement « amour de la sagesse », désigne tout d'abord une disposition préalable requise pour parvenir à la sagesse, et il peut désigner aussi, par une extension toute naturelle, la recherche qui, naissant de cette disposition même, doit conduire à la véritable connaissance ; ce n'est donc qu'un stade préliminaire et préparatoire, un acheminement vers la sagesse, comme le « Paradis terrestre » est une étape sur la voie qui mène au « Paradis céleste ». Cette « philosophie », ainsi entendue, est ce qu'on pourrait appeler, si l'on veut, la « sagesse humaine », parce qu'elle comprend l'ensemble de toutes les connaissances qui peuvent être atteintes par les seules facultés de l'individu humain, facultés que Dante synthétise dans la raison, parce que c'est par celle-ci que se définit proprement l'homme comme tel ; mais cette « sagesse humaine » précisément parce qu'elle n'est qu'humaine, n'est point la vraie sagesse, qui s'identifie avec la connaissance métaphysique. Cette dernière est essentiellement supra-rationnelle, donc aussi suprahumaine ; et, de même que, à partir du « Paradis terrestre », la voie du « Paradis céleste » quitte la terre pour « *salire alle stelle* », comme dit Dante[106], c'est-à-dire pour s'élever aux états supérieurs, que figurent les sphères planétaires et stellaires dans le langage de l'astrologie, et les hiérarchies angéliques dans celui de la théologie, de même, pour la connaissance de tout ce qui dépasse l'état humain, les facultés individuelles deviennent impuissantes, et il faut d'autres moyens : c'est ici qu'intervient la « Révélation », qui est une communication directe des états supérieurs, communication qui, comme nous l'indiquions tout à l'heure, est effectivement établie par le « pontificat ». La possibilité de cette « Révélation » repose sur l'existence de facultés transcendantes par rapport à l'individu : quel que soit le nom qu'on leur donne, qu'on parle par

---

[105] *La Crise du Monde moderne*, pp. 21-22 (2e édition).
[106] *Purgatorio*, XXXIII, 145 ; voir *L'Ésotérisme de Dante*, p. 60.

exemple d'« intuition intellectuelle » ou d'« inspiration », c'est toujours la même chose au fond ; le premier de ces deux termes pourra faire penser en un sens aux états « angéliques », qui sont en effet identiques aux états supra-individuels de l'être, et le second évoquera surtout cette action de l'Esprit-Saint à laquelle Dante fait allusion expressément[107] ; on pourra dire aussi que ce qui est « inspiration » intérieurement, pour celui qui la reçoit directement, devient « Révélation » extérieurement, pour la collectivité humaine à laquelle elle est transmise par son intermédiaire, dans la mesure où une telle transmission est possible, c'est-à-dire dans la mesure de ce qui est exprimable. Naturellement, nous ne faisons que résumer là très sommairement, et d'une façon peut-être un peu trop simplifiée par là même, un ensemble de considérations qui, si l'on voulait les développer plus complètement, seraient assez complexes et s'écarteraient d'ailleurs beaucoup de notre sujet ; ce que nous venons de dire est en tout cas suffisant pour le but que nous nous proposons présentement.

Dans cette acception, la « Révélation » et la « philosophie » correspondent respectivement aux deux parties qui, dans la doctrine hindoue, sont désignées par les noms de *Shruti* et de *Smriti*[108] ; il faut bien remarquer que, là encore, nous disons qu'il y a correspondance, et non pas identité, la différence des formes traditionnelles impliquant une différence réelle dans les points de vue auxquels les choses y sont envisagées. La *Shruti*, qui comprend tous les textes vêdiques, est le fruit de l'inspiration directe, et la *Smriti* est l'ensemble des conséquences et des applications diverses qui en sont tirées par réflexion ; leur rapport est, à certains égards, celui de la connaissance intuitive et de la connaissance discursive ; et, en effet, de ces deux modes de connaissance, le premier est supra-humain, tandis que le second est proprement humain. De même que le domaine de la « Révélation » est attribué à la Papauté et celui de la « philosophie »

---

[107] L'intellect pur, qui est d'ordre universel et non individuel, et qui relie entre eux tous les états de l'être, est le principe que la doctrine hindoue appelle *Buddhi*, nom dont la racine exprime essentiellement l'idée de « sagesse ».

[108] Voir *L'Homme et son devenir selon le Vêdânta*, ch. 1er.

à l'Empire, la *Shruti* concerne plus directement les Brâhmanes, dont l'étude du *Vêda* est la principale occupation, et la *Smriti*, qui comprend le *Dharma-Shâstra* ou «Livre de la Loi»[109], donc l'application sociale de la doctrine, concerne plutôt les Kshatriyas, auxquels sont plus spécialement destinés la plupart des livres qui en renferment l'expression. La *Shruti* est le principe dont dérive tout le reste de la doctrine, et sa connaissance, impliquant celle des états supérieurs, constitue les «grands mystères»; la connaissance de la *Smriti*, c'est-à-dire des applications au «monde de l'homme», en entendant par-là l'état humain intégral, considéré dans toute l'extension de ses possibilités, constitue les «petits mystères»[110]. La *Shruti* est la lumière directe, qui, comme l'intelligence pure, laquelle est ici en même temps la pure spiritualité, correspond au soleil, et la *Smriti* est la lumière réfléchie, qui, comme la mémoire dont elle porte le nom et qui est la faculté «temporelle» par définition même, correspond à la lune[111]; c'est pourquoi la clef des «grands mystères» est d'or et celle des «petits mystères» d'argent, car l'or et l'argent sont, dans l'ordre alchimique, l'exact équivalent de ce que sont le soleil et la lune dans l'ordre astrologique. Ces deux clefs, qui étaient celles de Janus dans l'ancienne Rome, étaient un des attributs du Souverain Pontifical, auquel la fonction d'«hiérophante» ou «maître des mys-

---

[109] On pourrait peut-être, sous ce rapport, tirer certaines conséquences du fait que, dans la tradition judaïque, source et point de départ de tout ce qui peut porter le nom de «religion» dans son sens le plus précis, puisque l'Islamisme s'y rattache aussi bien que le Christianisme, la désignation de *Thorah* ou «Loi» est appliquée à tout l'ensemble des Livres sacrés : nous y voyons surtout une connexion avec la convenance spéciale de la forme religieuse aux peuples en qui prédomine la nature des Kshatriyas, et aussi avec l'importance particulière que prend dans cette forme le point de vue social, ces deux considérations ayant d'ailleurs entre elles des liens assez étroits.

[110] Il doit être bien entendu que, dans tout ce que nous disons, il s'agit toujours d'une connaissance qui n'est pas seulement théorique, mais effective, et qui, par conséquent, comporte essentiellement la réalisation correspondante.

[111] À cet égard, il faut remarquer que le «Paradis céleste» est essentiellement le *Brahma-Loka*, identifié au «Soleil spirituel» (*L'Homme et son devenir selon le Vêdânta*, ch. XXI et XXII), et que d'autre part, le «Paradis terrestre» est décrit comme touchant la «sphère de la Lune» (*Le Roi du Monde*, p. 55) : le sommet de la montagne du Purgatoire, dans le symbolisme de la *Divine Comédie*, est la limite de l'état humain ou terrestre, individuel, et le point de communication avec les états célestes, supra-individuels.

tères » était essentiellement attachée ; avec le titre même de *Pontifex Maximus*, elles sont demeurées parmi les principaux emblèmes de la Papauté, et d'ailleurs les paroles évangéliques relatives au « pouvoir des clefs » ne font en somme, ainsi qu'il arrive également sur bien d'autres points, que confirmer pleinement la tradition primordiale. On peut maintenant comprendre, plus complètement encore que par ce que nous avions expliqué précédemment, pourquoi ces deux clefs sont en même temps celles du pouvoir spirituel et du pouvoir temporel ; pour exprimer les rapports de ces deux pouvoirs, on pourrait dire que le Pape doit garder pour lui la clef d'or du « Paradis céleste » et confier à l'Empereur la clef d'argent du « Paradis terrestre » ; et on a vu tout à l'heure que, dans le symbolisme, cette seconde clef était parfois remplacée par le sceptre, insigne plus spécial de la royauté[112].

Il y a, dans ce qui précède, un point sur lequel nous devons attirer l'attention, pour éviter jusqu'à l'apparence d'une contradiction : nous avons dit, d'une part, que la connaissance métaphysique, qui est la véritable sagesse, est le principe dont toute autre connaissance dérive à titre d'application à des ordres contingents, et, d'autre part, que la « philosophie », au sens originel où elle désigne l'ensemble de ces connaissances contingentes, doit être considérée comme une préparation à la sagesse ; comment ces deux choses peuvent-elles se concilier ? Nous nous sommes déjà expliqué ailleurs sur cette question, à propos du double rôle des « sciences traditionnelles »[113] : il y a là deux points de vue, l'un descendant et l'autre ascendant, dont le premier correspond à un développement de la connaissance partant des principes pour aller à des applications de plus en plus éloignées de ceux-ci, et le second à une acquisition graduelle de cette même connaissance en procédant de l'inférieur au supérieur, ou encore, si l'on veut, de l'extérieur à l'intérieur. Ce second point de vue correspond donc à la voie selon

---

[112] Le sceptre, comme la clef, a des rapports symboliques avec l'« axe du monde » ; mais c'est là un point que nous ne pouvons que signaler ici en passant, nous réservant de le développer comme il convient dans d'autres études.
[113] *La Crise du Monde moderne*, pp. 63-65 (2ᵉ édition).

laquelle les hommes peuvent être conduits à la connaissance, d'une façon graduelle et proportionnée à leurs capacités intellectuelles ; et c'est ainsi qu'ils sont conduits d'abord au « Paradis terrestre », et ensuite au « Paradis céleste » ; mais cet ordre d'enseignement ou de communication de la « science sacrée » est inverse de son ordre de constitution hiérarchique. En effet. toute connaissance qui a vraiment le caractère de « science sacrée », de quelque ordre qu'elle soit, ne peut être constituée valablement que par ceux qui, avant tout, possèdent pleinement la connaissance principielle, et qui, par-là, sont seuls qualifiés pour réaliser, conformément à l'orthodoxie traditionnelle la plus rigoureuse, toutes les adaptations requises par les circonstances de temps et de lieu ; c'est pourquoi ces adaptations, lorsqu'elles sont effectuées régulièrement, sont nécessairement l'œuvre du sacerdoce, auquel appartient par définition la connaissance principielle ; et c'est pourquoi le sacerdoce seul peut conférer légitimement l'« initiation royale », par la communication des connaissances qui la constituent. On peut encore se rendre compte par-là que les deux clefs, considérées comme étant celles de la connaissance dans l'ordre « métaphysique » et dans l'ordre « physique », appartiennent bien réellement l'une et l'autre à l'autorité sacerdotale, et que c'est seulement par délégation, si l'on peut dire, que la seconde est confiée aux détenteurs du pouvoir royal. En fait, lorsque la connaissance « physique » est séparée de son principe transcendant, elle perd sa principale raison d'être et ne tarde pas à devenir hétérodoxe ; c'est alors qu'apparaissent, comme nous l'avons expliqué, les doctrines « naturalistes », résultat de l'adultération des « sciences traditionnelles » par les Kshatriyas révoltés ; c'est déjà un acheminement vers la « science profane », qui sera l'œuvre propre des castes inférieures et le signe de leur domination dans l'ordre intellectuel, si toutefois, en pareil cas, on peut encore parler d'intellectualité. Là comme dans l'ordre politique, la révolte des Kshatriyas prépare donc la voie à celle des Vaishyas et des Shûdras ; et c'est ainsi que, d'étape en étape, on en arrive au plus bas utilitarisme, à la négation de toute connaissance désintéressée, fût-elle d'un rang inférieur, et de toute réalité dépassant le domaine sensible ; c'est là, très exactement, ce que nous pouvons constater à notre époque, où le monde occidental est presque arrivé au dernier degré de cette descente qui, comme la chute des corps pesants, va sans cesse en s'accélérant.

Il reste encore, dans le texte du *De Monarchia*, un point que nous n'avons pas élucidé, et qui n'est pas moins digne de remarque que tout ce que nous en avons expliqué jusqu'ici : c'est l'allusion à la navigation que contient la dernière phrase, suivant un symbolisme dont Dante se sert d'ailleurs très fréquemment[114]. Parmi les emblèmes qui furent autrefois ceux de Janus, la Papauté n'a pas conservé seulement les clefs, mais aussi la barque, attribuée pareillement à saint Pierre et devenue la figure de l'Église[115] : son caractère « romain » exigeait cette transmission de symboles, sans laquelle il n'aurait représenté qu'un simple fait géographique sans portée réelle[116]. Ceux qui ne verraient là que des « emprunts » dont ils seraient tentés de faire grief au Catholicisme feraient montre en cela d'une mentalité tout à fait « profane » ; nous y voyons au contraire, pour notre part, une preuve de cette régularité traditionnelle sans laquelle aucune doctrine ne saurait être valable, et qui remonte de proche en proche jusqu'à la grande tradition primordiale ; et nous sommes certain que nul de ceux qui comprennent le sens profond de ces symboles ne pourra nous contredire. La figure de la navigation a été souvent employée dans l'antiquité gréco-latine : on peut en citer notamment comme exemples l'expédition des Argonautes à la conquête de la « Toison d'or »[117], les voyages d'Ulysse ; on la trouve aussi chez

---

[114] Voir à ce sujet Arturo Reghini, *L'Allegoria esoterica di Dante*, dans *Il Nuovo Patto*, septembre-novembre 1921, pp, 546-548.

[115] La barque symbolique de Janus était une barque pouvant aller dans les deux sens, soit en avant, soit en arrière, ce qui correspond aux deux visages de Janus lui-même.

[116] On devra bien remarquer, d'ailleurs, que, s'il y a dans l'Évangile des paroles et des faits qui permettent d'attribuer directement les clefs et la barque à saint Pierre, c'est que la Papauté, dès son origine, était prédestinée à être « romaine », en raison de la situation de Rome comme capitale de l'Occident.

[117] Dante y fait précisément allusion dans un des passages de la *Divine Comédie* qui sont les plus caractéristiques en ce qui concerne l'emploi de ce symbolisme (*Paladiso*, II, 1-18) ; et ce n'est pas sans motif qu'il rappelle cette allusion dans le dernier chant du

Virgile et chez Ovide. Dans l'Inde également, cette image se rencontre parfois, et nous avons eu déjà l'occasion de citer ailleurs une phrase qui contient des expressions étrangement semblables à celles de Dante : « Le Yogî, dit Shankarâchârya, ayant traversé la mer des passions, est uni avec la tranquillité et possède le "Soi" dans la plénitude »[118]. La « mer des passions » est évidemment la même chose que les « flots de la cupidité », et, dans les deux textes, il est pareillement question de la « tranquillité » : ce que représente la navigation symbolique, c'est en effet la conquête de la « grande paix »[119]. Celle-ci peut d'ailleurs s'entendre de deux façons, suivant qu'elle se rapporte au « Paradis terrestre » ou au « Paradis céleste » ; dans ce dernier cas, elle s'identifie à la « lumière de gloire » et à la « vision béatifique »[120] ; dans l'autre, c'est la « paix » proprement dite, en un sens plus restreint, mais encore très différent du sens « profane » ; et il est d'ailleurs à remarquer que Dante applique le même mot de « béatitude » aux deux fins de l'homme. La barque de saint Pierre doit conduire les hommes au « Paradis céleste » ; mais, si le rôle du « prince romain », c'està-dire de l'Empereur, est de les conduire au « Paradis terrestre », c'est là aussi une navigation[121], et c'est pourquoi la « Terre sainte » des diverses traditions, qui n'est pas autre chose que ce « Paradis terrestre », est souvent représentée par une île : le but assigné par

---

poème (*Paradiso*, XXXIII, 96) ; la signification hermétique de la « Toison d'or » était d'ailleurs bien connue au moyen âge.

[118] *Atmâ-Bodha* ; voir *L'Homme et son devenir selon le Vêdânta*, ch. XXIII, et *Le Roi du Monde*, p. 121.

[119] C'est cette même conquête qui est aussi représentée parfois sous la figure d'une guerre ; nous avons signalé plus haut l'emploi de ce symbolisme dans la *Bhagavad-Gîtâ*, ainsi que chez les Musulmans, et nous pouvons ajouter qu'on trouve aussi un symbolisme du même genre dans les romans de chevalerie du moyen âge.

[120] C'est ce qu'indiquent très nettement les différents sens du mot hébreu *Shekinah* ; d'ailleurs, les deux aspects que nous mentionnons ici sont ceux que désignent les mots *Gloria* et *Pax* dans la formule : « *Gloria in excelsis Deo, et in terra Pax hominibus bonæ voluntatis* », ainsi que nous l'avons expliqué dans notre étude sur *Le Roi du Monde*.

[121] Ceci se rapporte au symbolisme des deux océans, celui des « eaux supérieures » et celui des « eaux inférieures », qui est commun à toutes les doctrines traditionnelles.

Dante à « celui qui régit la terre », c'est la réalisation de la « paix »[122] ; le port vers lequel il doit diriger le genre humain, c'est l'« île sacrée » qui demeure immuable au milieu de l'agitation incessante des flots, et qui est la « Montagne du Salut », le « Sanctuaire de la paix »[123].

Nous arrêterons là l'explication de ce symbolisme, dont la compréhension, après ces éclaircissements, ne devra plus faire la moindre difficulté, dans la mesure du moins où elle est nécessaire à l'intelligence des rôles respectifs de l'Empire et de la Papauté ; d'ailleurs, nous ne pourrions guère en dire davantage là-dessus sans entrer dans un domaine que nous ne voulons pas aborder présentement[124]. Ce passage du *De Monarchia* est, à notre connaissance, l'exposé le plus net et le plus complet, dans sa volontaire concision, de la constitution de la « Chrétienté » et de la façon dont les rapports des deux pouvoirs devaient y être envisagés. On se demandera sans doute pourquoi une telle conception est demeurée comme l'expression d'un idéal qui ne devait jamais être réalisé ; ce qui est étrange, c'est que, au moment même où Dante la formulait ainsi, les événements qui se déroulaient en Europe

---

[122] On pourra aussi, sur ce point, faire un rapprochement avec l'enseignement de saint Thomas d'Aquin que nous avons rapporté plus haut, ainsi qu'avec le texte de Confucius que nous avons cité.

[123] Nous avons dit ailleurs que la « paix » est un des attributs fondamentaux du « Roi du Monde », dont l'Empereur reflète un des aspects ; un second aspect a sa correspondance dans le Pape, mais il en est un troisième, principe des deux autres, qui n'a pas de représentation visible dans cette organisation de la « Chrétienté » (voir, sur ces trois aspects, *Le Roi du Monde*, p. 44). Par toutes les considérations que nous venons d'exposer, il est facile de comprendre que Rome est, pour l'Occident, une image du véritable « centre du monde », de la mystérieuse *Salem* de Melchissédec.

[124] Ce domaine est celui de l'ésotérisme catholique du moyen âge, envisagé plus spécialement dans ses rapports avec l'hermétisme ; sans les connaissances de cet ordre, les pouvoirs du Pape et de l'Empereur, tels qu'ils viennent d'être définis, ne sauraient avoir leur réalisation pleinement effective, et ce sont précisément ces connaissances qui semblent le plus complètement perdues pour les modernes. Nous avons laissé de côté quelques points secondaires, parce qu'ils n'importaient pas au dessein de cette étude : ainsi, l'allusion que fait Dante aux trois vertus théologales, Foi, Espérance et Charité, devrait être rapproché du rôle qu'il leur attribue dans la *Divine Comédie* (voir *L'Ésotérisme de Dante*, p. 31) ; d'autre part, on pourrait établir une comparaison entre les rôles respectifs des trois guides de Dante, Virgile, Béatrice et saint Bernard, et ceux du pouvoir temporel, de l'autorité spirituelle et de leur principe commun ; en ce qui concerne saint Bernard, ceci est à rapprocher de ce que nous indiquions précédemment.

étaient précisément tels qu'ils devaient en empêcher à tout jamais la réalisation. L'œuvre tout entière de Dante est, à certains égards, comme le testament du moyen âge finissant ; elle montre ce qu'aurait été le monde occidental s'il n'avait pas rompu avec sa tradition ; mais, si la déviation moderne a pu se produire, c'est que, véritablement, ce monde n'avait pas en lui de telles possibilités, ou que tout au moins elles n'y étaient que l'apanage d'une élite déjà fort restreinte, qui les a sans doute réalisées pour son propre compte, mais sans que rien puisse en passer à l'extérieur et s'en refléter dans l'organisation sociale. On en était dès lors arrivé à ce moment de l'histoire où devait commencer la période la plus sombre de l'« âge sombre »[125], caractérisée, dans tous les ordres, par le développement des possibilités les plus inférieures ; et ce développement, allant toujours plus avant dans le sens du changement et de la multiplicité, devait inévitablement aboutir à ce que nous constatons aujourd'hui : au point de vue social comme à tout autre point de vue, l'instabilité est en quelque sorte à son maximum, le désordre et la confusion sont partout ; jamais, assurément, l'humanité n'a été plus éloignée du « Paradis terrestre » et de la spiritualité primordiale. Faut-il conclure que cet éloignement est définitif, que nul pouvoir temporel stable et légitime ne régira plus jamais la terre, que toute autorité spirituelle disparaîtra de ce monde, et que les ténèbres, s'étendant de l'Occident à l'Orient, cacheront pour toujours aux hommes la lumière de la vérité ? Si telle devait être notre conclusion, nous n'aurions certes pas écrit ces pages, pas plus d'ailleurs que nous n'aurions écrit aucun de nos autres ouvrages, car ce serait là, dans cette hypothèse, une peine bien inutile ; il nous reste à dire pourquoi nous ne pensons pas qu'il puisse en être ainsi.

---

[125] Voir *La Crise du Monde moderne*, ch. 1er.

CHAPITRE IX

La loi immuable

Les enseignements de toutes les doctrines traditionnelles sont, on l'a vu, unanimes à affirmer la suprématie du spirituel sur le temporel et à ne considérer comme normale et légitime qu'une organisation sociale dans laquelle cette suprématie est reconnue et se traduit dans les relations des deux pouvoirs correspondant à ces deux domaines. D'autre part, l'histoire montre clairement que la méconnaissance de cet ordre hiérarchique entraîne partout et toujours les mêmes conséquences : déséquilibre social, confusion des fonctions, domination d'éléments de plus en plus inférieurs, et aussi dégénérescence intellectuelle, oubli des principes transcendants d'abord, puis, de chute en chute, on en arrive jusqu'a la négation de tonte véritable connaissance. Il faut d'ailleurs bien remarquer que la doctrine, qui permet de prévoir que les choses doivent inévitablement se passer ainsi, n'a pas besoin, en elle-même, d'une telle confirmation *a posteriori* ; mais, si nous croyons cependant devoir y insister, c'est que, nos contemporains étant particulièrement sensibles aux faits en raison de leurs tendances et de leurs habitudes mentales, il y a là de quoi les inciter à réfléchir sérieusement, et peut-être même est-ce surtout par là qu'ils peuvent être amenés à reconnaître la vérité de la doctrine. Si cette vérité était reconnue, ne fût-ce que d'un petit nombre, ce serait un résultat d'une importance considérable, car ce n'est que de cette façon que peut commencer un changement d'orientation conduisant à une restauration de l'ordre normal ; et cette restauration, quels qu'en soient les moyens et les modalités, se produira nécessairement tôt ou tard ; c'est sur ce dernier point qu'il nous faut donner encore quelques explications.

Le pouvoir temporel, avons-nous dit, concerne le monde de l'action et du changement ; or le changement n'ayant pas en lui-même sa raison suffisante[126], doit recevoir d'un principe supé-

---

[126] C'est là, proprement, la définition même de la contingence.

rieur sa loi, par laquelle seule il s'intègre à l'ordre universel ; si au contraire il se prétend indépendant de tout principe supérieur, il n'est plus, par là même, que désordre pur et simple. Le désordre est, au fond, la même chose que le déséquilibre, et, dans le domaine humain, il se manifeste par ce qu'on appelle l'injustice, car il y a identité entre les notions de justice, d'ordre, d'équilibre, d'harmonie, ou, plus précisément, ce ne sont là que des aspects divers d'une seule et même chose, envisagée de façons différentes et multiples suivant les domaines auxquels elle s'applique[127]. Or, suivant la doctrine extrême-orientale, la justice est faite de la somme de toutes les injustices, et, dans l'ordre total, tout désordre se compense par un autre désordre ; c'est pourquoi la révolution qui renverse la royauté est à la fois la conséquence logique et le châtiment, c'est-à-dire la compensation, de la révolte antérieure de cette même royauté contre l'autorité spirituelle. La loi est niée dès lors qu'on nie le principe même dont elle émane ; mais ses négateurs n'ont pu la supprimer réellement, et elle se retourne contre eux ; c'est ainsi que le désordre doit rentrer finalement dans l'ordre, auquel rien ne saurait s'opposer, si ce n'est en apparence seulement et d'une façon tout illusoire.

On objectera sans doute que la révolution, substituant au pouvoir des Kshatriyas celui des castes inférieures, n'est qu'une aggravation du désordre, et, assurément, cela est vrai si l'on n'en considère que les résultats immédiats ; mais c'est précisément cette aggravation même qui empêche le désordre de se perpétuer indéfiniment. Si le pouvoir temporel ne perdait sa stabilité par là même qu'il méconnaît sa subordination à l'égard de l'autorité spirituelle, il n'y aurait aucune raison pour que le désordre cesse, une fois qu'il se serait ainsi introduit dans l'organisation sociale ; mais

---

[127] Tous ces sens, et aussi celui de « loi » sont compris dans ce que la doctrine hindoue désigne par le mot *dharma* ; l'accomplissement par chaque être de la fonction qui convient à sa nature propre, sur quoi repose la distinction des castes, est appelé *swadharma*, et on pourrait faire un rapprochement avec ce que Dante, dans le texte que nous avons cité et commenté au chapitre précédent, désigne comme l'« exercice de la vertu propre ». – Nous renverrons aussi, à ce propos, à ce que nous avons dit ailleurs sur la « justice » considérée comme un des attributs fondamentaux du « Roi du Monde » et sur ses rapports avec la « paix ».

parler de stabilité du désordre est une contradiction dans les termes, puisqu'il n'est pas autre chose que le changement réduit à lui-même, si l'on peut dire : ce serait en somme vouloir trouver l'immobilité dans le mouvement. Chaque fois que le désordre s'accentue, le mouvement s'accélère, car on fait un pas de plus dans le sens du changement pur et de l'« instantanéité » ; c'est pourquoi, comme nous le disions plus haut, plus les éléments sociaux qui l'emportent sont d'un ordre inférieur, moins leur domination est durable. Comme tout ce qui n'a qu'une existence négative, le désordre se détruit lui-même ; c'est dans son excès même que peut se trouver le remède aux cas les plus désespérés, parce que la rapidité croissante du changement aura nécessairement un terme ; et, aujourd'hui, beaucoup ne commencent-ils pas à sentir plus ou moins confusément que les choses ne pourront continuer à aller ainsi indéfiniment ? Même si, au point où en est le monde, un redressement n'est plus possible sans une catastrophe, est-ce une raison suffisante pour ne pas l'envisager malgré tout, et, si l'on s'y refusait, ne serait-ce pas là encore une forme de l'oubli des principes immuables, qui sont au-delà de toutes les vicissitudes du « temporel », et que, par conséquent, nulle catastrophe ne saurait affecter ? Nous disions précédemment que l'humanité n'a jamais été aussi éloignée du « Paradis terrestre » qu'elle l'est actuellement ; mais il ne faut pas oublier pourtant que la fin d'un cycle coïncide avec le commencement d'un autre cycle ; qu'on se reporte d'ailleurs à l'*Apocalypse*, et l'on verra que c'est à l'extrême limite du désordre, allant jusqu'à l'apparent anéantissement du « monde extérieur », que doit se produire l'avènement de la « Jérusalem céleste », qui sera, pour une nouvelle période de l'histoire de l'humanité, l'analogue de ce que fut le « Paradis terrestre » pour celle qui se terminera à ce moment même[128]. L'identité des caractères de l'époque moderne avec ceux que les doctrines traditionnelles indiquent pour la phase finale du *Kali-Yuga* permet de penser, sans trop d'invraisemblance, que cette éventualité pourrait bien n'être plus très lointaine ; et ce

---

[128] Sur les rapports du « Paradis terrestre » et de la « Jérusalem céleste », voir *L'Ésotérisme de Dante*, pp. 91-93.

serait là, assurément, après l'obscuration présente, le complet triomphe du spirituel[129].

Si de telles prévisions semblent trop hasardeuses, comme elles peuvent le sembler en effet à qui n'a pas de données traditionnelles suffisantes pour les appuyer, on peut du moins se rappeler les exemples du passé, qui montrent clairement que tout ce qui ne s'appuie que sur le contingent et le transitoire passe fatalement, que toujours le désordre s'efface et l'ordre se restaure finalement, de sorte que, même si le désordre semble parfois triompher, ce triomphe ne saurait être que passager, et d'autant plus éphémère que le désordre aura été plus grand. Sans doute en sera-t-il de même, tôt ou tard, et peut-être plus tôt qu'on ne serait tenté de le supposer, dans le monde occidental, où le désordre, dans tous les domaines, est actuellement porté plus loin qu'il ne l'a jamais été nulle part ; là aussi, il convient d'attendre la fin ; et même si, comme il y a quelques motifs de le craindre, ce désordre devait s'étendre pour un temps à la terre entière, cela encore ne serait pas pour modifier nos conclusions, car ce ne serait que la confirmation des prévisions que nous indiquions tout à l'heure quant à la fin d'un cycle historique, et la restauration de l'ordre aurait seulement à s'opérer, dans ce cas, sur une échelle beaucoup plus vaste que dans tous les exemples connus, mais aussi n'en serait-elle qu'incomparablement plus profonde et plus intégrale, puisqu'elle irait jusqu'à ce retour à l'« état primordial » dont parlent toutes les traditions[130].

D'ailleurs, quand on se place, comme nous le faisons, au point de vue des réalités spirituelles, on peut attendre sans trouble et aussi longtemps qu'il le faut, car c'est là, nous l'avons dit, le domaine de

---

[129] Ce serait aussi, d'après certaines traditions d'ésotérisme occidental, se rattachant au courant auquel appartenait Dante, la véritable réalisation du « Saint-Empire » ; et, en effet, l'humanité aurait alors retrouvé le « Paradis terrestre », ce qui, d'ailleurs, impliquerait la réunion des deux pouvoirs spirituel et temporel dans leur principe, celui-ci étant de nouveau manifesté visiblement comme il était à l'origine.

[130] Il doit être bien entendu que la restauration de l'« état primordial » est toujours possible pour certains hommes, mais qui ne constituent alors que des cas d'exception ; il s'agit ici de cette restauration envisagée pour l'humanité prise collectivement et dans son ensemble.

l'immuable et de l'éternel ; la hâte fébrile qui est si caractéristique de notre époque prouve que, au fond, nos contemporains s'en tiennent toujours au point de vue temporel, même quand ils croient l'avoir dépassé, et que, malgré les prétentions de quelques-uns à cet égard, ils ne savent guère ce qu'est la spiritualité pure. Du reste, parmi ceux mêmes qui s'efforcent de réagir contre le « matérialisme » moderne, combien en est-il qui soient capables de concevoir cette spiritualité en dehors de toute forme spéciale, et plus particulièrement d'une forme religieuse, et de dégager les principes de toute application à des circonstances contingentes ? Parmi ceux qui se posent en défenseurs de l'autorité spirituelle, combien en est-il qui soupçonnent ce que peut être cette autorité à l'état pur, comme nous disions plus haut, qui se rendent vraiment compte de ce que sont ses fonctions essentielles, et qui ne s'arrêtent pas à des apparences extérieures, réduisant tout à de simples questions de rites, dont les raisons profondes demeurent d'ailleurs totalement incomprises, et même de « jurisprudence », qui est une chose toute temporelle ? Parmi ceux qui voudraient tenter une restauration de l'intellectualité, combien en est-il qui ne la rabaissent pas au niveau d'une simple « philosophie », entendue cette fois au sens habituel et « profane » de ce mot, et qui comprennent que, dans leur essence et dans leur réalité profonde, intellectualité et spiritualité ne sont absolument qu'une seule et même chose sous deux noms différents ? Parmi ceux qui ont gardé malgré tout quelque chose de l'esprit traditionnel, et nous ne parlons que de ceux-là parce que ce sont les seuls dont la pensée puisse avoir pour nous quelque valeur, combien en est-il qui envisagent la vérité pour elle-même, d'une façon entièrement désintéressée, indépendante de toute préoccupation sentimentale, de toute passion de parti ou d'école, de tout souci de domination ou de prosélytisme ? Parmi ceux qui, pour échapper au chaos social où se débat le monde occidental, comprennent qu'il faut, avant tout, dénoncer la vanité des illusions « démocratiques » et « égalitaires », combien en est-il qui aient la notion d'une vraie hiérarchie, basée essentiellement sur les différences inhérentes à la nature propre des êtres humains et sur les degrés de connaissance auxquels ceux-ci sont parvenus effectivement ? Parmi ceux qui se déclarent adversaires de l'« individualisme », combien en est-il qui aient en eux la conscience d'une réalité transcendante par rapport aux individus ? Si nous posons ici toutes ces questions, c'est qu'elles permettront, à ceux qui voudront bien y réfléchir, de trouver l'explication de l'inutilité de certains efforts, en dépit des excellentes intentions dont sont sans doute animés ceux qui les entreprennent, et aussi celle de toutes les confusions et de tous les malentendus qui se font jour dans les discussions auxquelles nous faisions allusion dans les premières pages de ce livre.

Cependant, tant qu'il subsistera une autorité spirituelle régulièrement constituée, fût-elle méconnue de presque tout le monde et même de ses propres représentants, fût-elle séduite à n'être plus que l'ombre d'elle-même, cette autorité aura toujours la meilleure part, et cette part ne saurait lui être enlevée[131], parce qu'il y a en elle quelque chose de plus haut que les possibilités purement hu-

---

[131] Nous pensons ici au récit évangélique bien connu, dans lequel Marie et Marthe peuvent effectivement être considérées comme symbolisant respectivement le spirituel et le temporel, en tant qu'ils correspondent à la vie contemplative et à la vie active. — Selon saint Augustin (*Contra Faustum*, XX, 52-58), on trouve le même symbolisme dans les deux épouses de Jacob : Lia (*laborans*) représente la vie active, et Rachel (*visum principium*) la vie contemplative. De plus, dans la « Justice » se résument toutes les vertus de la vie active, tandis que dans la « Paix » se réalise la perfection de la vie contemplative ; et on retrouve ici les deux attributs fondamentaux de Melchissédec, c'est-à-dire du principe commun des deux pouvoirs spirituel et temporel, qui régissent respectivement le domaine de la vie active et celui de la vie contemplative. D'autre part, pour saint Augustin également (*Sermo XLIII de Verbis Isaiæ*, c. 2), la raison est au sommet de la partie inférieure de l'âme (sens, mémoire et cogitative), et l'intellect au sommet de sa partie supérieure (qui connaît les idées éternelles qui sont les raisons immuables des choses) ; à la première appartient la science (des choses terrestres et transitoires), à la seconde la Sagesse (connaissance de l'absolu et de l'immuable) ; la première se rapporte à la vie active, la seconde à la vie contemplative. Cette distinction équivaut à celle des facultés individuelles et supra-individuelles et des deux ordres de connaissance qui y correspondent respectivement ; et on peut encore en rapprocher ce texte de saint Thomas d'Aquin : « Dicendum quod sicut *rationabiliter* procedere attribuitur *naturali philosophiæ*, quia in ipsa observatur maxime modus rationis, ita *intellectualiter* procedere attribuitur divinæ *scientiæ*, eo quod in ipsa observatur maxime modus intellectus » (*In Boetium de Trinitate*, q. 6, art. 1, ad 3). On a vu précédemment que, suivant Dante, le pouvoir temporel s'exerce selon la « philosophie » ou la « science » rationnelle, et le pouvoir spirituel selon la « Révélation » ou la « Sagesse » supra-rationnelle, ce qui correspond très exactement à cette distinction des deux parties inférieure et supérieure de l'âme.

maines, parce que, même affaiblie ou endormie, elle incarne encore «la seule chose nécessaire», la seule qui ne passe point. « *Patiens quia œterna* », dit-on parfois de l'autorité spirituelle, et très justement, non pas, certes, qu'aucune des formes extérieures qu'elle peut revêtir soit éternelle, car toute forme n'est que contingente et transitoire, mais parce que, en elle-même, dans sa véritable essence, elle participe de l'éternité et de l'immutabilité des principes ; et c'est pourquoi, dans tous les conflits qui mettent le pouvoir temporel aux prises avec l'autorité spirituelle, on peut être assuré que, quelles que puissent être les apparences, c'est toujours celle-ci qui aura le dernier mot.

À découvrir

ŒUVRES ESSENTIELLES

René Guénon

L'erreur spirite · Orient et Occident · L'ésotérisme de Dante · Le Roi du monde · La crise du monde moderne · Autorité spirituelle et pouvoir temporel · Le Règne de la Quantité et les Signes des Temps

Memoria Books

ŒUVRES ESSENTIELLES

René Guénon

TOME II

Le symbolisme de la Croix · Les états multiples de l'Être · Aperçus sur l'ésotérisme chrétien · Symboles de la science sacrée

Memoria Books

Suivez **JDH Éditions** sur les réseaux sociaux
pour en savoir plus sur les auteurs,
les nouveautés, les projets…

Inscrivez-vous à notre Newsletter sur
www.jdheditions.fr
Pour recevoir l'actualité de nos nouvelles
parutions.